Solfège amusant à la guitare

Funny music theory with the guitar

Français / Anglais

AF446542

A partir de 4 ans / 4 years and older

Catherine Agogué

Solfège amusant à la guitare

Cahier d'activités n° 1

A partir de 4 ans

Funny music theory with the guitar

Activity notebook n°1

4 years and older

Catherine Agogué

Traduction / Translation : Ana-Maria Masveyraud

Édition amazon.com

ISBN : **9791093805009**

Le petit conseil de Catherine

Bonjour, je m'appelle Catherine, je suis professeur de guitare classique. Lorsque je rencontre un élève gaucher, je lui indique toujours qu'il existe une autre manière de tenir sa guitare. Je conseille de jouer comme les droitiers mais seul l'enfant doit choisir. L'essentiel est qu'il soit en harmonie avec son instrument.

En principe, l'enfant s'adapte facilement. Taille-crayon, ciseaux, règles, ouvre-boîte, appareil-photo, la liste est longue.

L'adaptation chez l'enfant gaucher est quotidienne.

Dans votre monde de droitier, nous avons mauvaise réputation avec notre écriture et notre poignet cassé en col de cygne.

Pour le confort de votre petit gaucher, j'ai tout simplement rajouté une clef de Sol à droite.

Enveloppe Soleau n° **509373**

Je suis gauchère et je joue comme une droitière.

Catherine

The little Catherine advice.

Your children is left-handed

Good morning, my name is Catherine, I am a classic guitar teacher. When I found a left-handed student, I told him that he can always have another way to handle the guitar.

I recommended the student to play the guitar like a right-handed, but it is the children's choise. The most important is that the student feels harmony with it's instrument.

At first, it is easy for the children to adapt, for example, the size of the pencil, the scissors, the rules, can opener, knives, cameras, the list is longe !

The left-handed children are adapted to the daily life.

In the world of the right-handed children, we have a bad reputation

with our handwriting and our backhand and our crabclaw.

For the confort of the little left-handed, I have simply added

one key of sol on the right.

Enveloppe Soleau n° **509373**

I am left-handed and I play the guitar like a right-handed.

Catherine

Avant-propos / preface

L'éveil des tous petits au monde de la guitare est depuis toujours une évidence.

The discovery of children to the guitar's world is since always an evidence.

Catherine

« La curiosité des enfants est comme un penchant de la nature qui va comme au devant de l'instruction; ne manquez pas d'en profiter. »

« The curiosity of children is like an inclination of the nature that goes ahead of the instruction; do not miss to enjoy. »

Fénelon

Hymne à Saint-Jean

Ut queant laxis

Résonare fibris

Miré gestorum

Famuli tuorum

Solve polluti

Labii reatum

Sancte Iohannes

Guido d'Arrezo, moine italien bénédictin du XIe siècle

Guido d'Arrezo Italian benedictine monk of the eleven century.

Tu vas apprendre à écrire le mot GUITARE

*La 1ère lettre est le **G** Entoure tous les **G***

You are going to learn now to write the name GUITAR

*the 1st letter is the **G** Circle the letter **G***

G A M J O G F F

G F H G Q G W

G R S Y E G A

Z H G P G I G

F Y C G A S G P G

G U I T A R E / G U I T A R

A toi d'écrire la lettre G / Is you turn to write the letter G

Bravo ! / Excellent !

La Guitare / The Guitar

COLORIAGE / COLORING

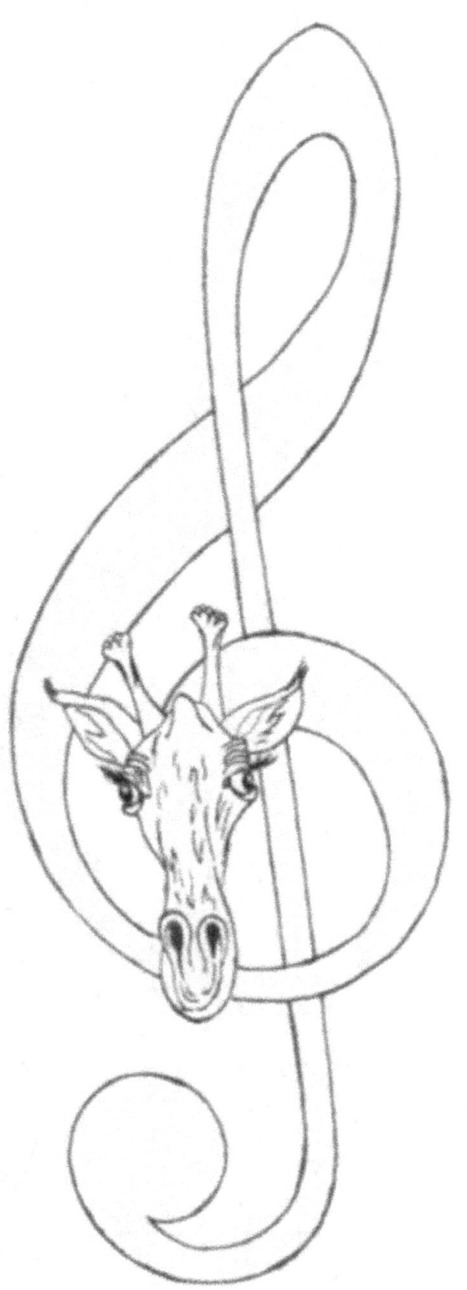

La clef de SOL / The key of SOL

Dessine des clefs de Sol

Design the keys of Sol

Retrouve le bon chemin et écris ce que tu as trouvé

Find the right way and write what did you find

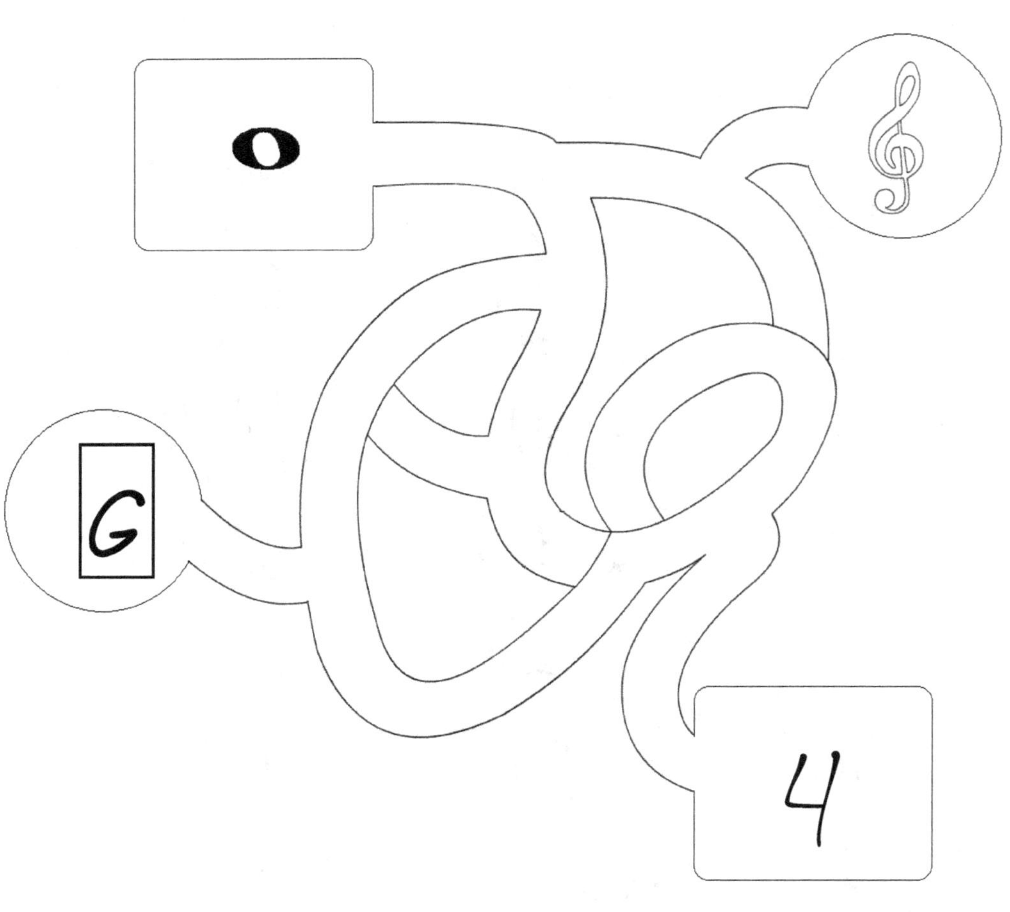

La ronde dure o ☐ temps

the whole note duration is o ☐ beats

J'ai trouvé ☐ clefs de Sol.

I found ☐ the keys of Sol.

Le matériel du petit guitariste / The material of the little guitarist

Une guitare / A guitar

Un tabouret / A stool

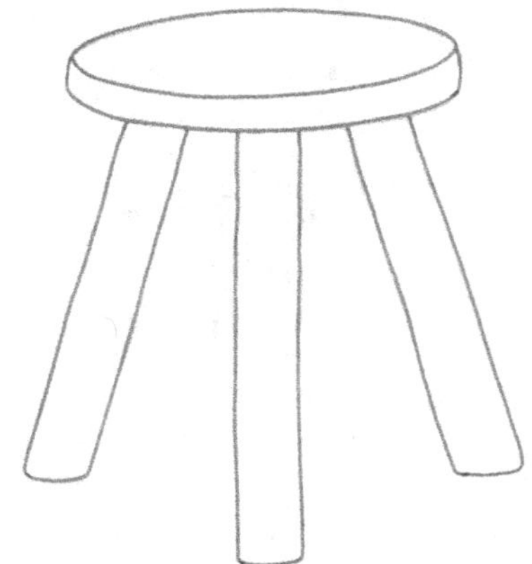

Un accordeur / A tuner

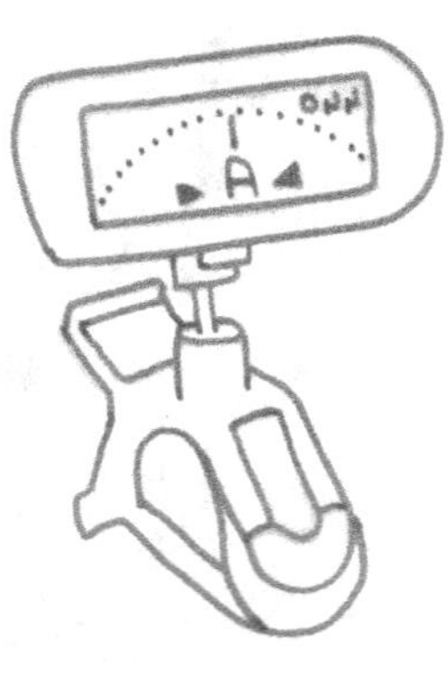

Un repose-pied / A guitar footrest

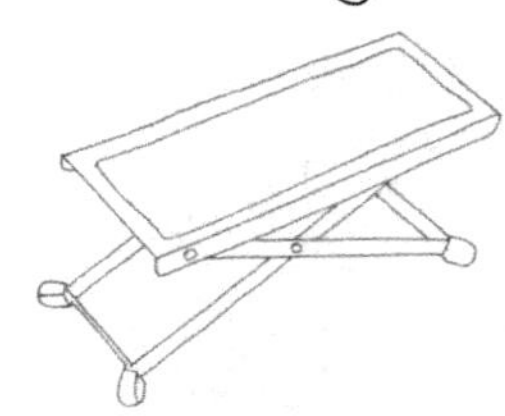

Le matériel du petit guitariste / The material of the little guitarist

Un pupitre / A music stand

Un métronome / A metronome

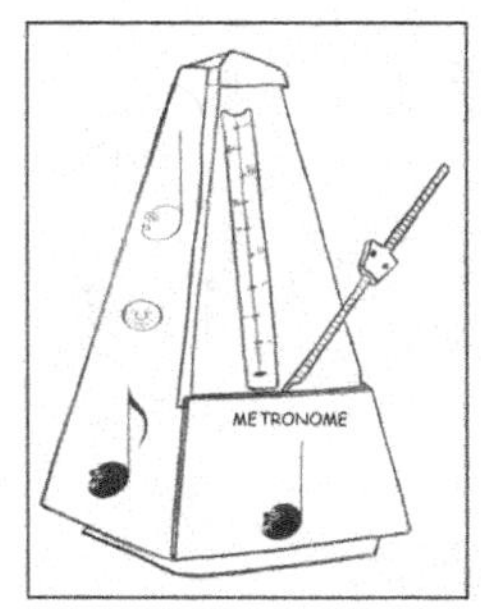

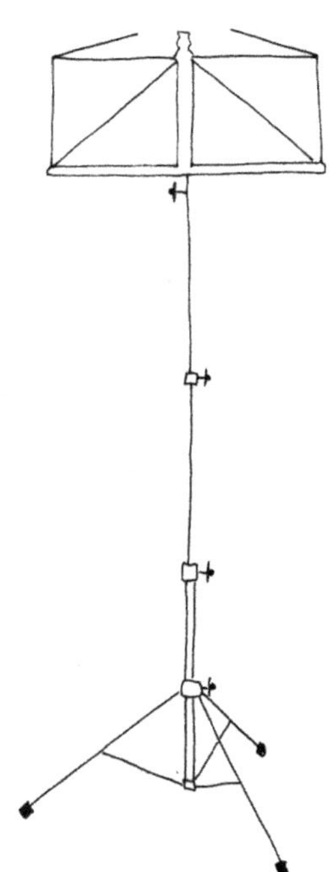

Des partitions / The Scores

Retrouve le bon chemin et écris ce que tu as trouvé.

Find the rigth way and write what did you find.

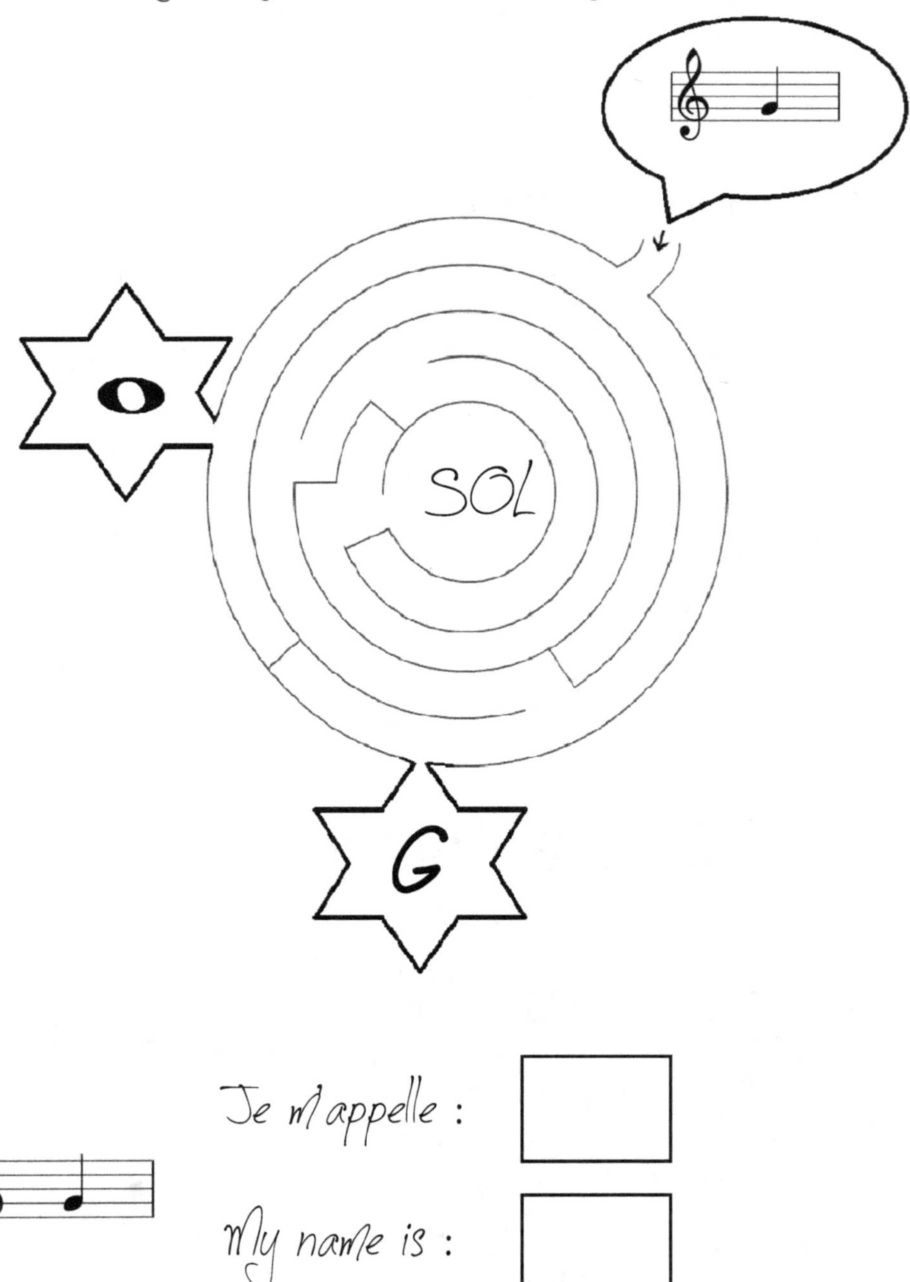

Je m'appelle :

My name is :

Relie les chiffres et colorie ce que tu as trouvé

Connect the numbers and color what did you find

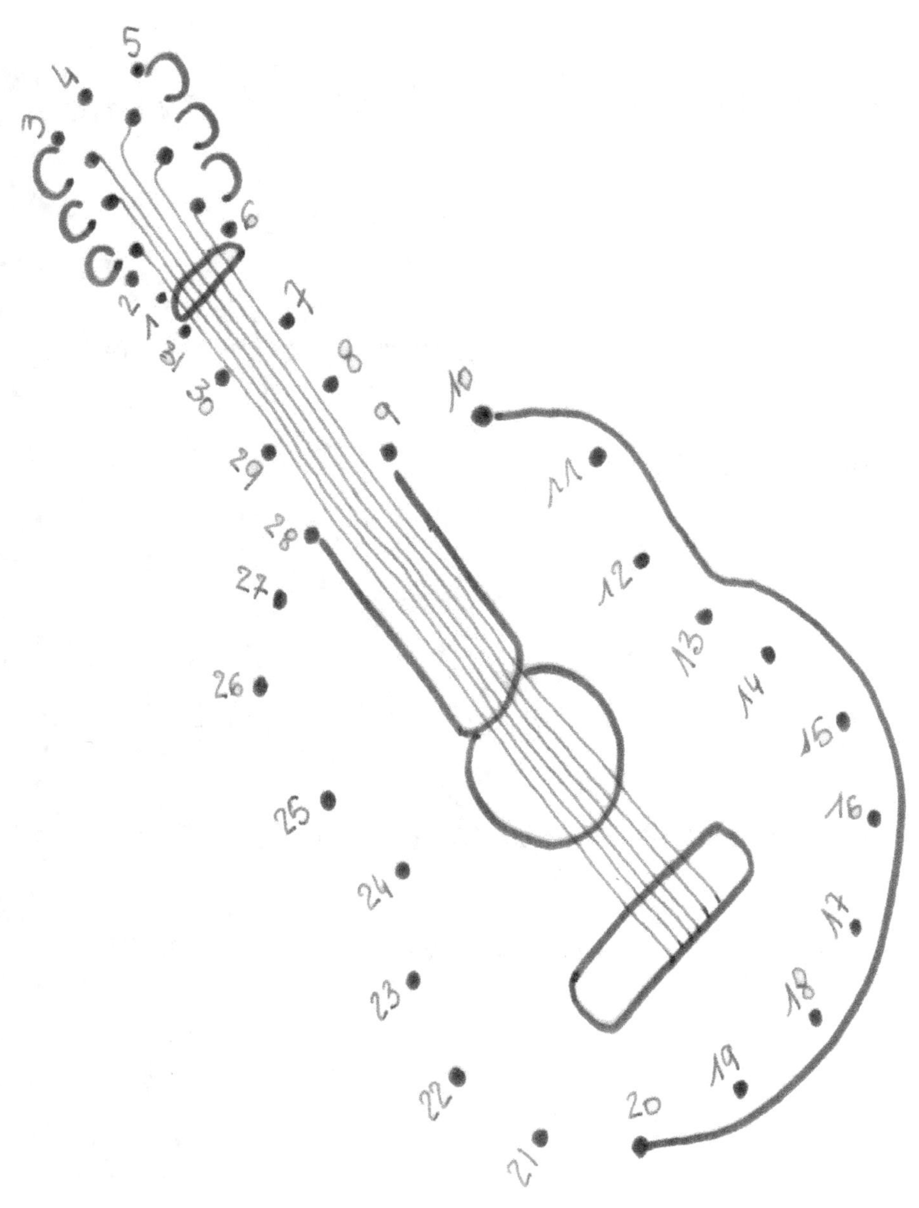

LOTO / BINGO

Règles: dans ce 1er cahier d'activités, tu trouveras 3 planches de loto et 3 pages de cartes.

A toi, de les colorier, découper et coller sur des cartons épais.

Rules: in this first activity book, you will find three boards for the bingo and cards that have three pages. You will color, cut and paste on the hard cardboard.

Coller un carton

Paste a cardboard

La blanche / the half note — 2 temps / 2 beats	Le métronome / the métronome
La blanche pointée / the dotted half note — 3 temps / 3 beats	La clef de Sol / the key of Sol
La ronde / the whole note — 4 temps / 4 beats	La noire / the quarter note — 1 temps / 1 beat

Cartes : durée des notes / Cards : the notes duration

La blanche / the half note

2 temps / 2 beats

Le métronome / the metronome

La blanche pointée

the dotted half note

3 temps / 3 beats

La clef de Sol / the key of Sol

La ronde / the whole note

4 temps / 4 beats

La noire / the quarter note

1 temps / 1 beat

Coller un carton

Paste a cardboard

Mais combien de cordes à ma guitare ? Ecris les numéros dans les carrés

But, how many strings are in my guitar? Write the numbers on the square

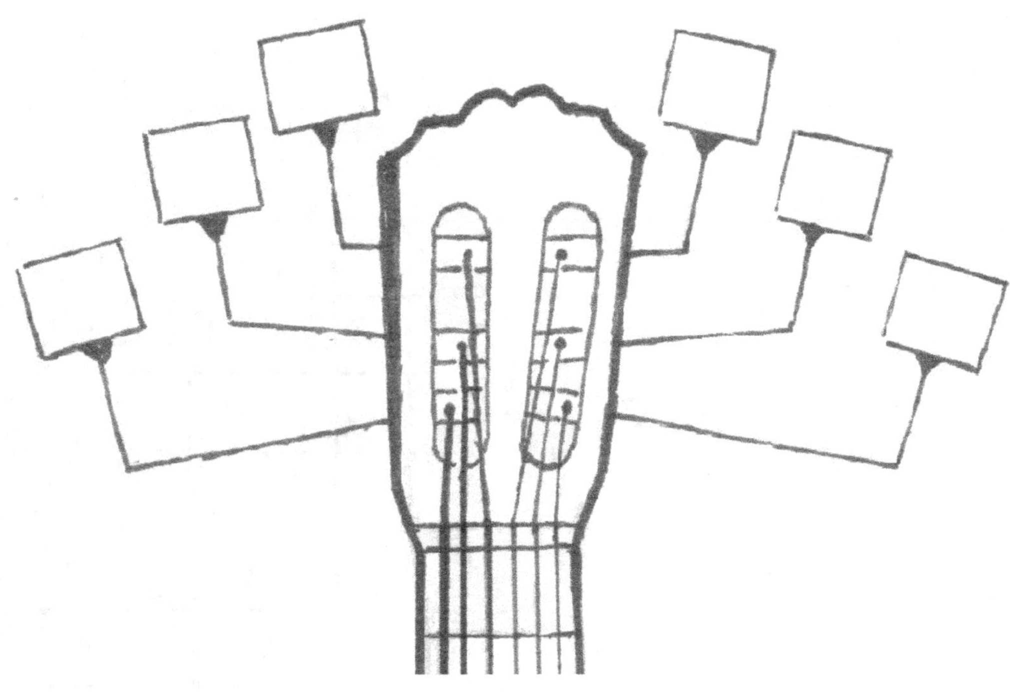

Réponse page 33 / Answer on page 33

Mots fléchés

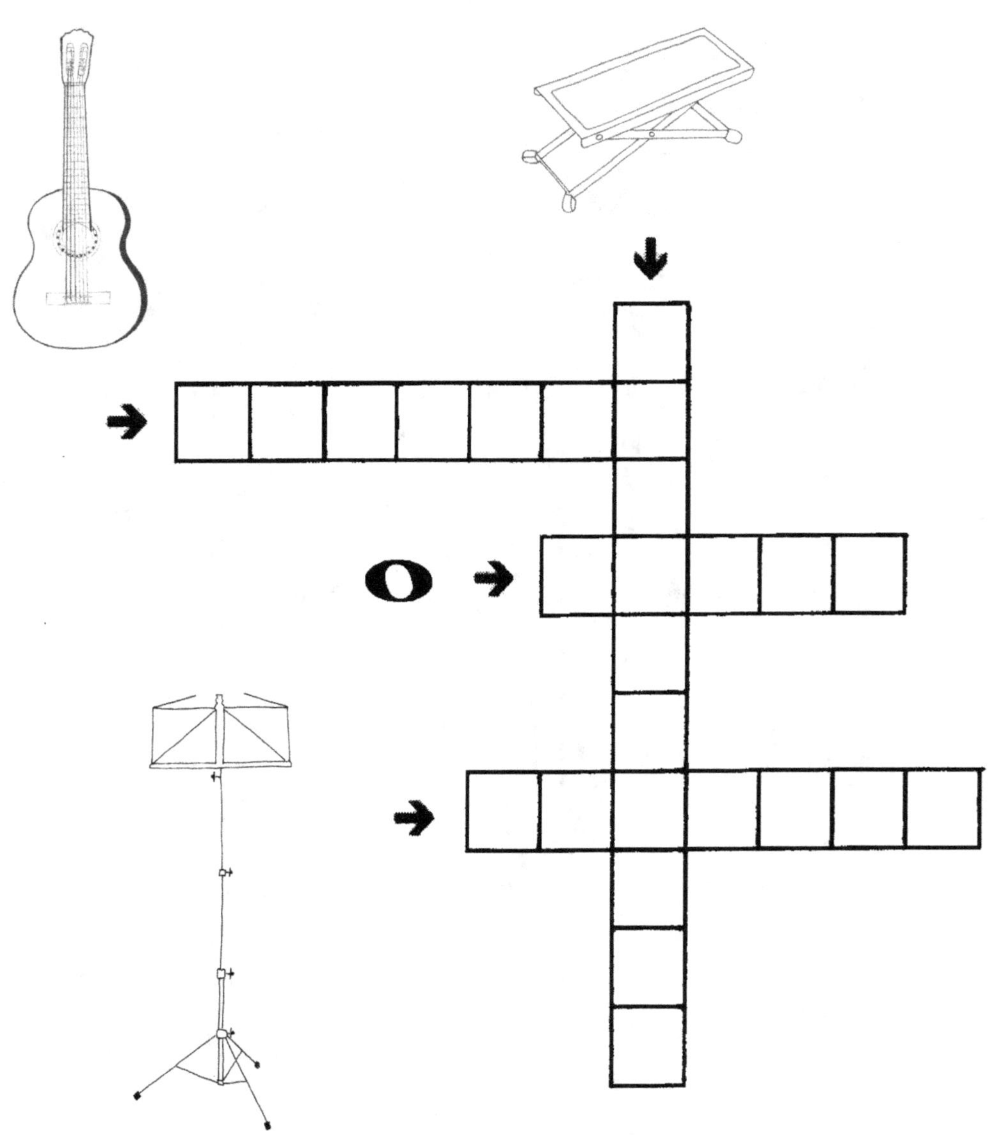

Crossword

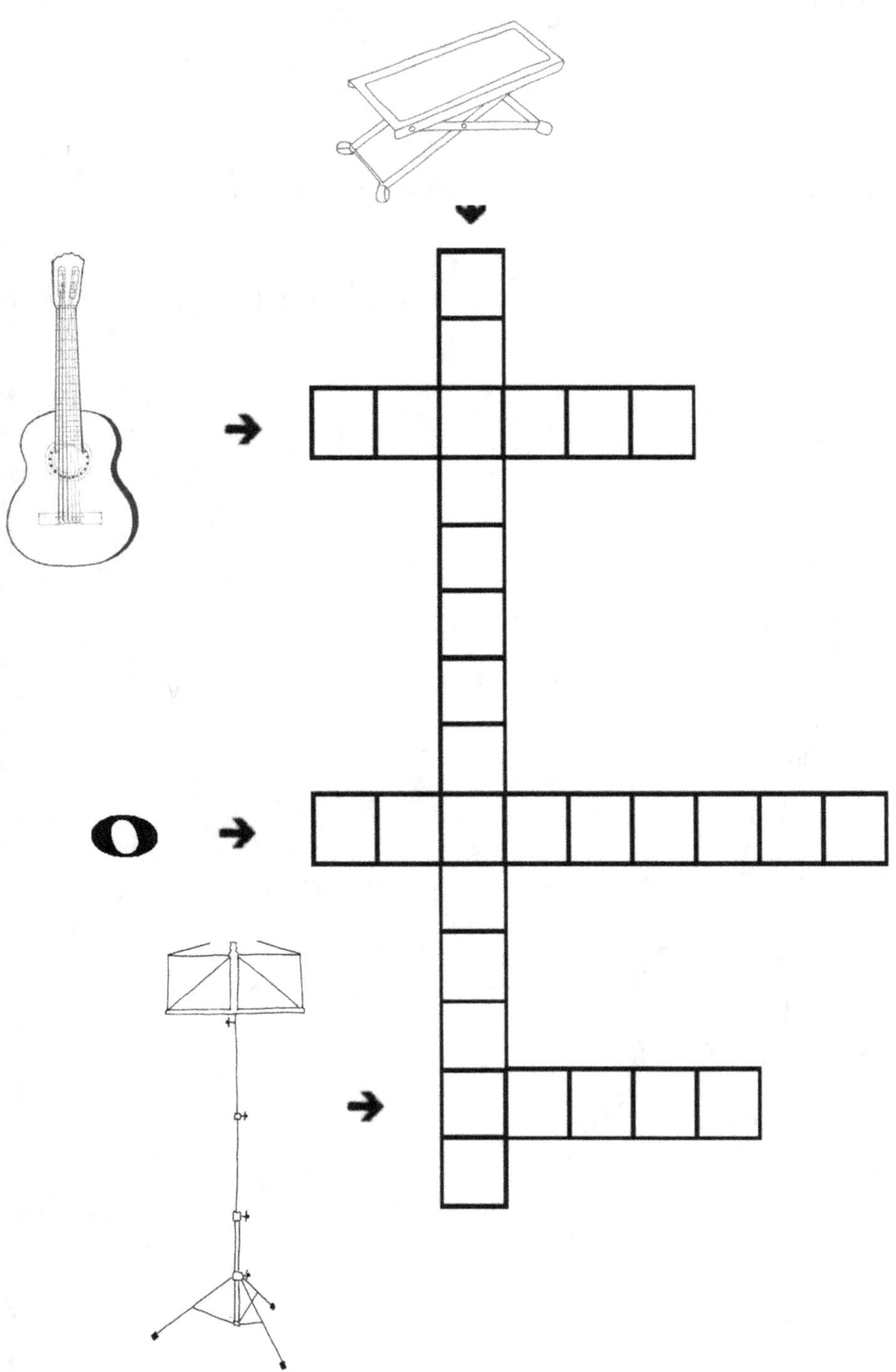

GUITARE / GUITAR

La 2è lettre est le **U** Entoure tous les **U**

the 2d letter is the **U** Circle all the **U**

U A M J O G F F

U F H U Q G W U

G R U Y E U T A

Z U G U G I G U

U Y U G A U G P G U

A toi d'écrire la lettre U / Is your turn to write the letter U

Bravo ! / Excellent!

A toi d'écrire la lettre U / Is your turn to write the letter U

Entoure tous les Sol / Circle all the Sol

BRAVO! Ta guitare a bien 6 cordes mais attention il ne

faut pas mélanger la 6è corde et la 1ere corde,

la 1ere corde c'est celle qui est en bas. C'est le Mi aigu.

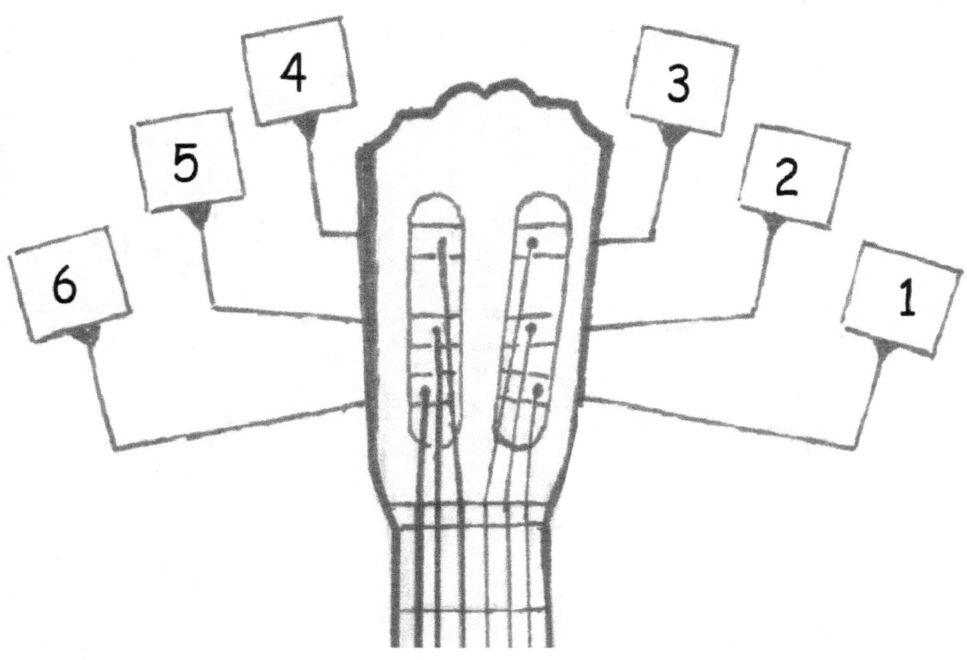

Excellent! the guitar have 6 strings, but be careful

do not mix the 6th string and the 1st. The 1st string is

on the lowest on the right. It is the treble Mi.

GUITARE / GUITAR

La 3è lettre est le **I** Entoure tous les **I**

the 3rd letter is the **I** Circle all the **I**

A toi d'écrire la lettre ! / Is your turn to write the letter !

Bravo ! / Excellent !

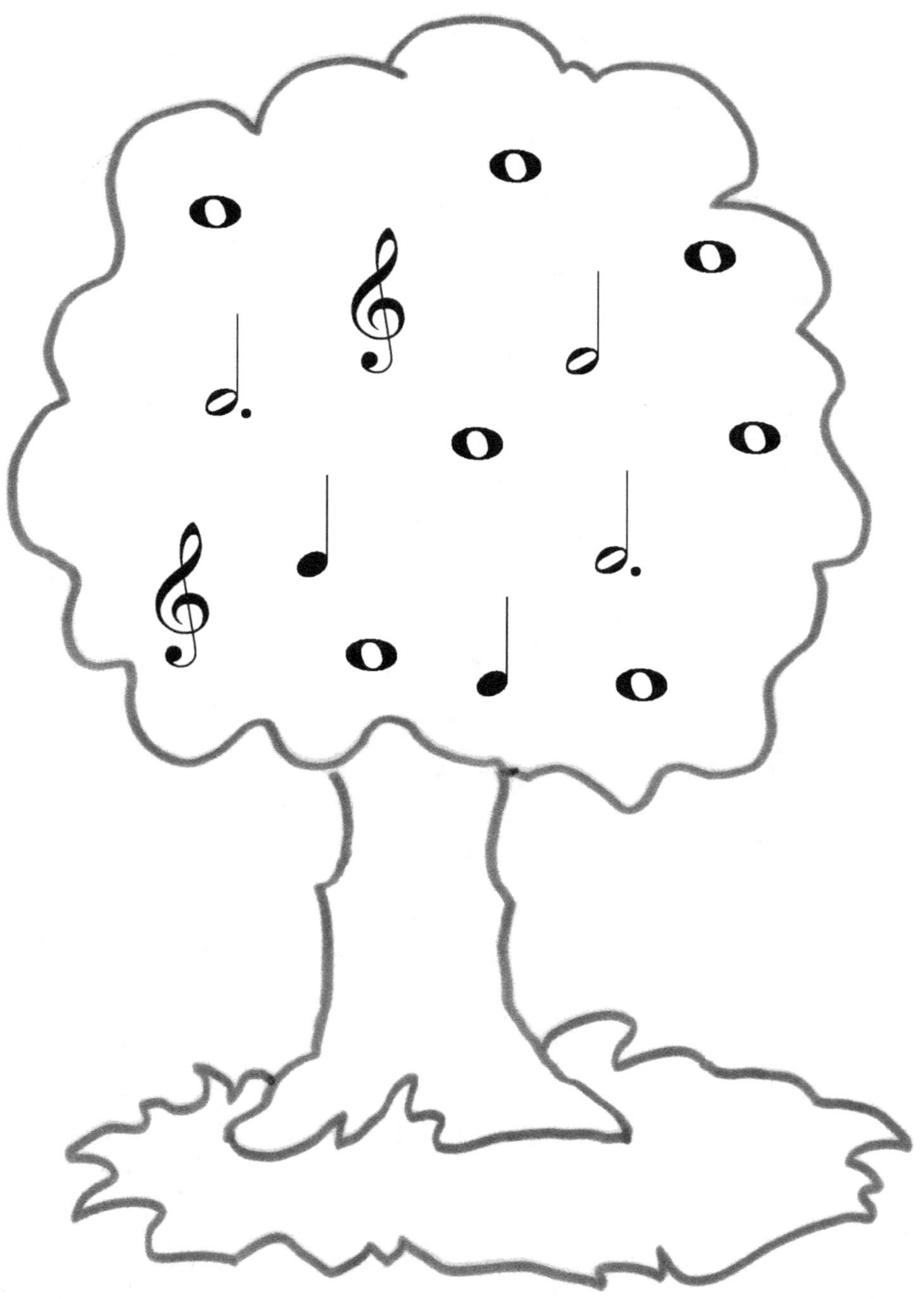

Ecris la note Sol / Write the note Sol

Relie les chiffres

Connect the numbers

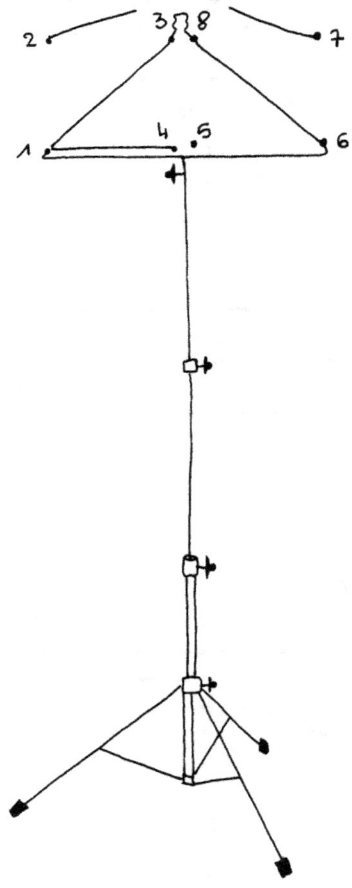

Je suis un accordeur / I am a tuner

Je suis un pupitre / I am a stand

Qui est la bonne clef de sol ? Entoure les vraies clefs de sol

What is the correct key of Sol ? Circle the right keys of sol

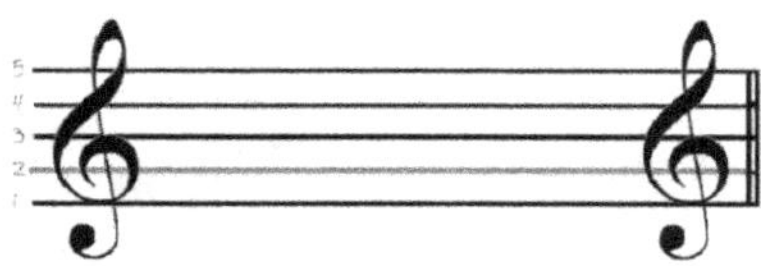

A	La note Sol / The note Sol	
B	La note LA / The note LA	

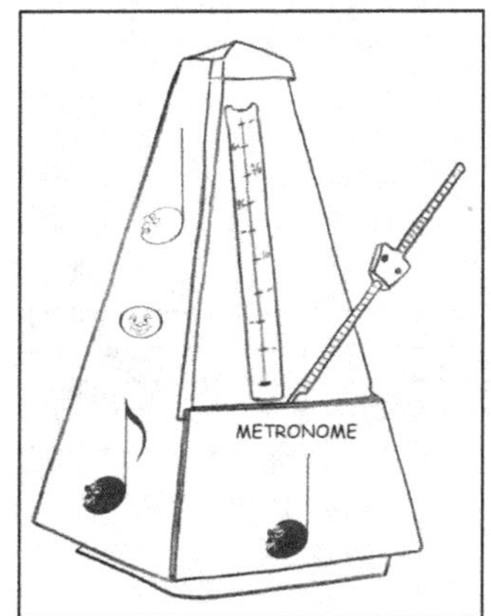

A	Un métronome / A metronome	
B	Une clochette / A handbell	

A	La blanche / The half note	
B	La ronde / The whole note	

Retrouve le bon chemin et écris ce que tu as trouvé

Find the rigth way and write what did you find

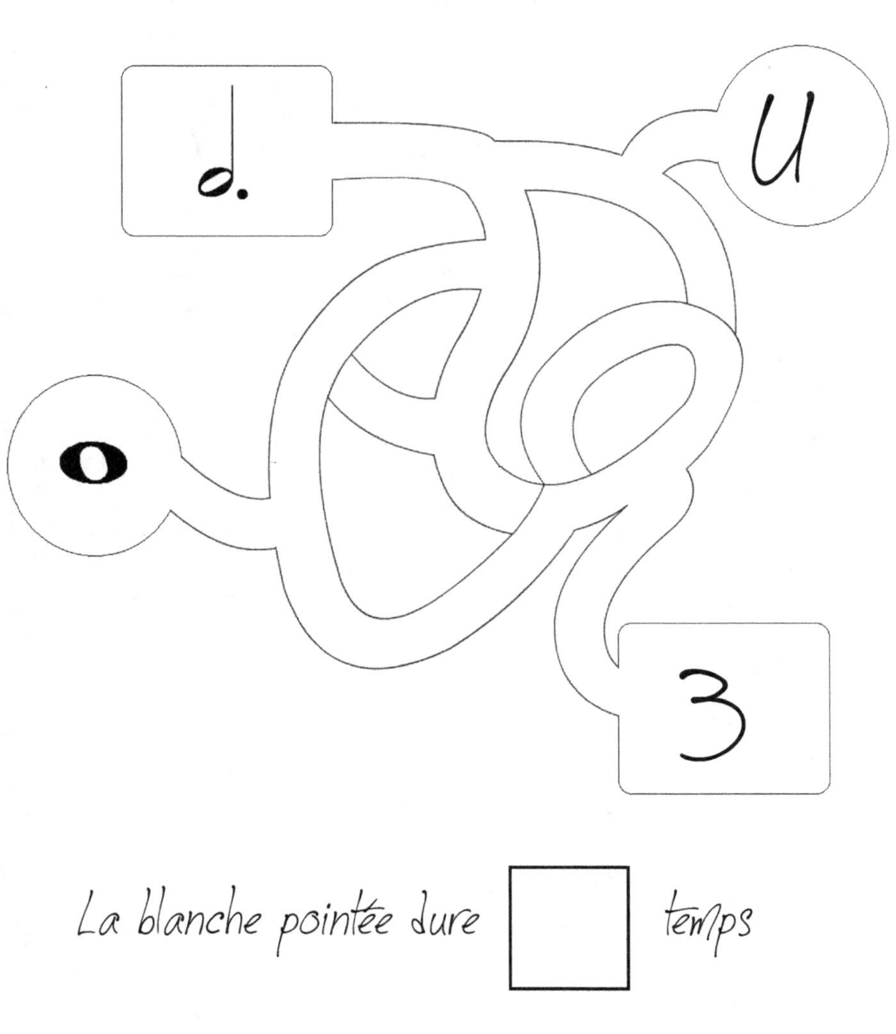

La blanche pointée dure ☐ temps

The dotted half note duration ☐ beats

GUI☐ARE/GUI☐AR

La 4è lettre est le **⌐** Entoure tous les **⌐**

the 4th letter is the **⌐** Circle all the **⌐**

⌐ D F G I ⌐ E S A

G ⌐ U I ⌐ M ⌐ E R

⌐ S E ⌐ X A ⌐ F ⌐

⌐ E G ⌐ B U I N ⌐

A toi d'écrire la lettre T / Is you turn to write the letter T

Bravo ! / Excellent !

A	6 cordes 6 strings	
B	4 cordes 4 strings	

Ma guitare a / My guitar has

Je suis un / I am a

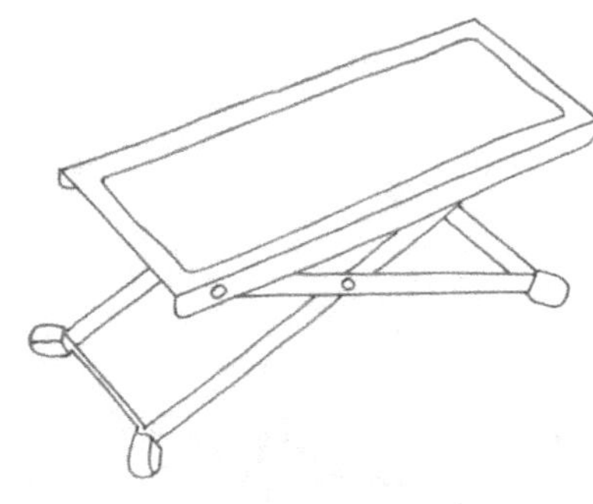

A	Pupitre / Stand	
B	Repose-pieds / Guitar footrest	

Coller un carton

Paste a cardboard

Planche : accessoires pour la guitare / Board : accessories for the guitar

Tabouret / Stool 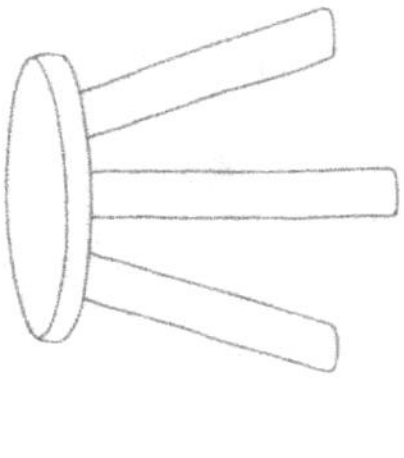	Pupitre / Stand 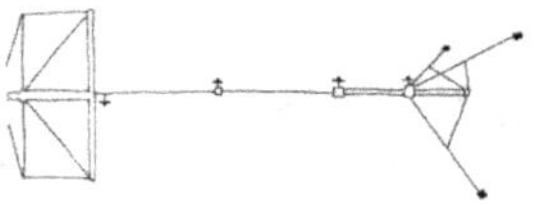	Partitions / Scores 
Repose-pied / Guitar footrest 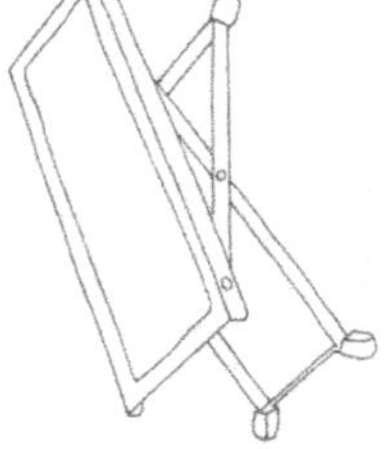	Accordeur / tuner 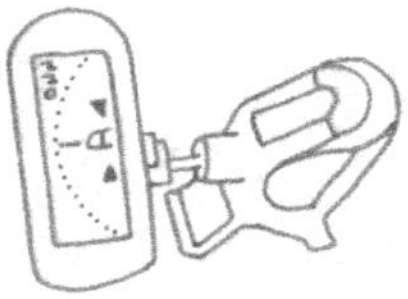	Ma guitare / My guitar 

Cartes : accessoires pour la guitare / Cards : accessories for the guitar

Partitions / Scores

Ma guitare / My guitar

Pupitre / Stand

Accordeur / Tuner

Tabouret / Stool

Repose-pied / Guitar footrest

Coller un carton

Paste a cardboard

La ronde

The whole note

La blanche pointée

the dotted half note

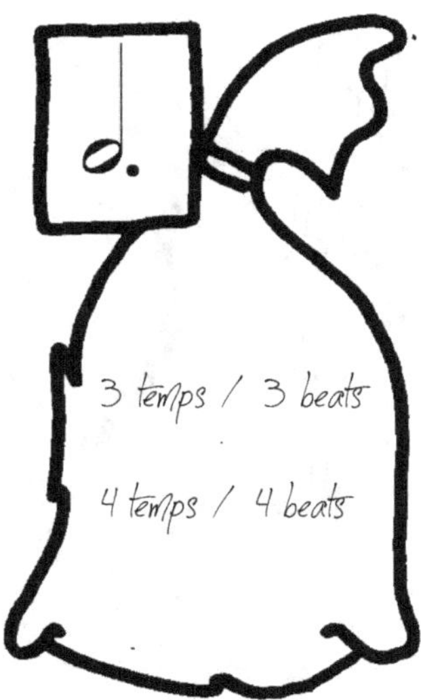

GUITARE / GUITAR

La 5è lettre est le **A** Entoure tous les **A**

the 5th letter is the **A** Circle all the **A**

A toi d'écrire la lettre A / Is your turn to write the letter A

Bravo ! / Excellent!

Retrouve le bon chemin et écris ce que tu as trouvé

Find the rigth way and write what did you find

Je m'appelle :

My name is :

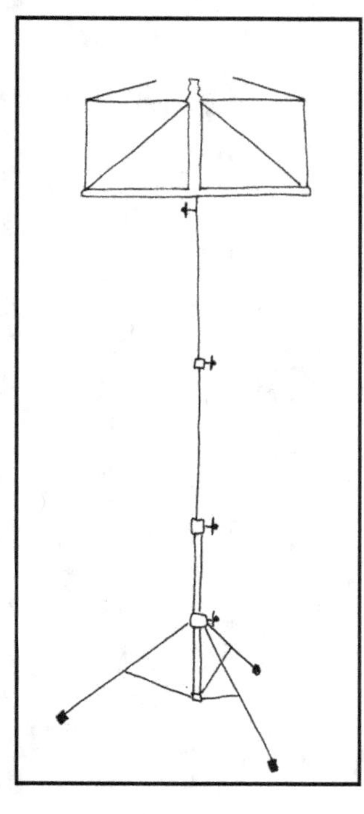

Un tabouret / A stool

Un repose-pied / A guitar footrest

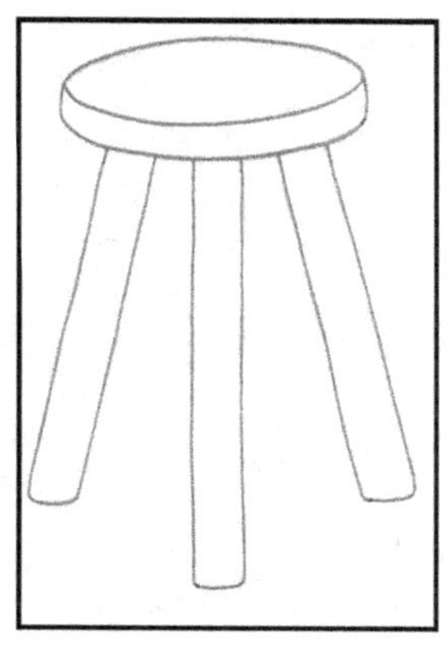

Un pupitre / A stand

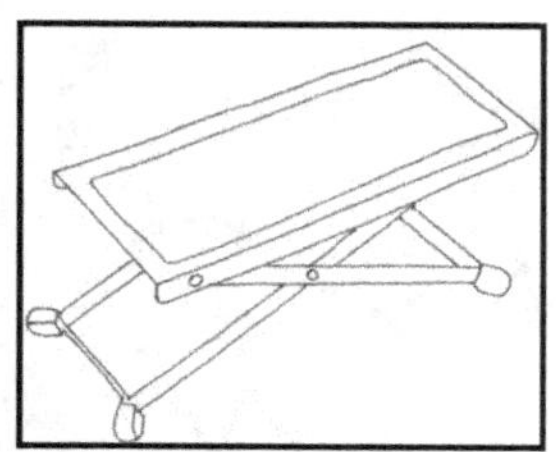

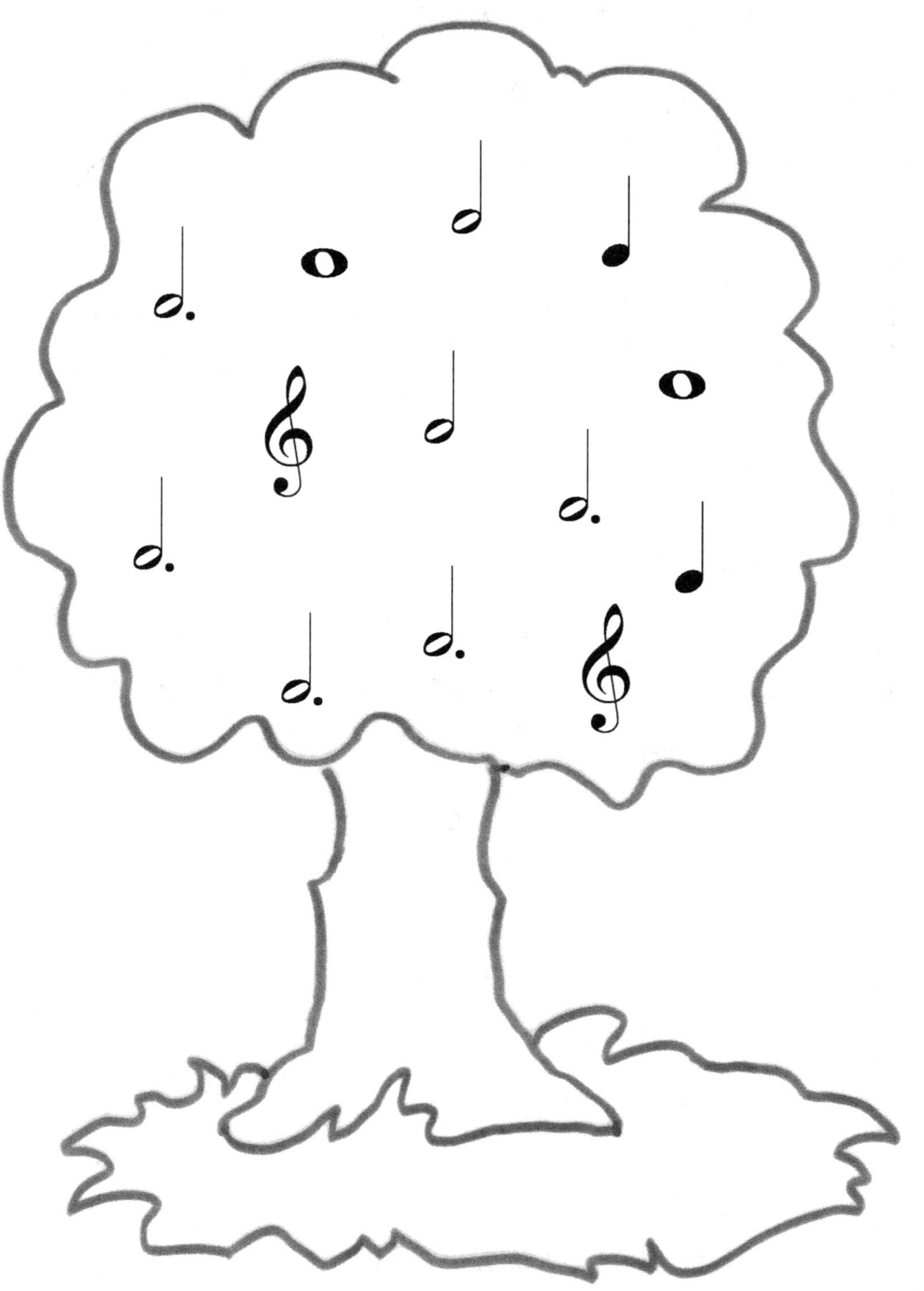

Ecris la note LA / Write the note LA

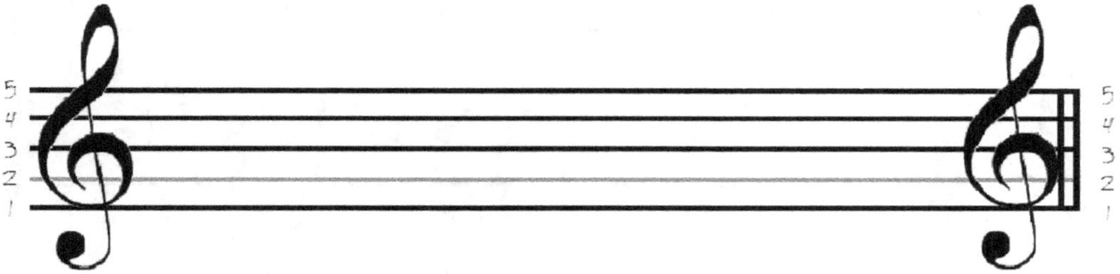

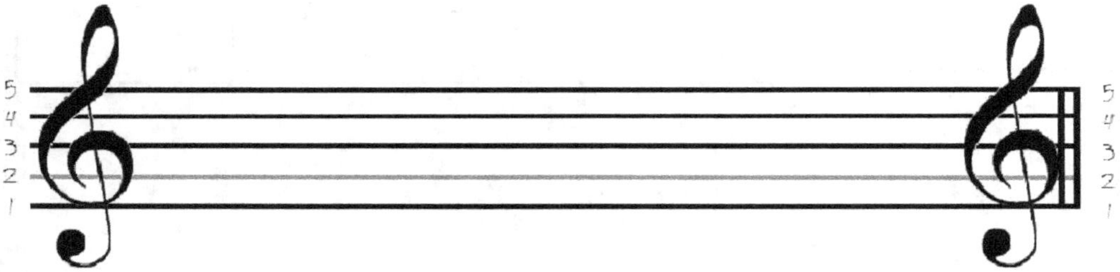

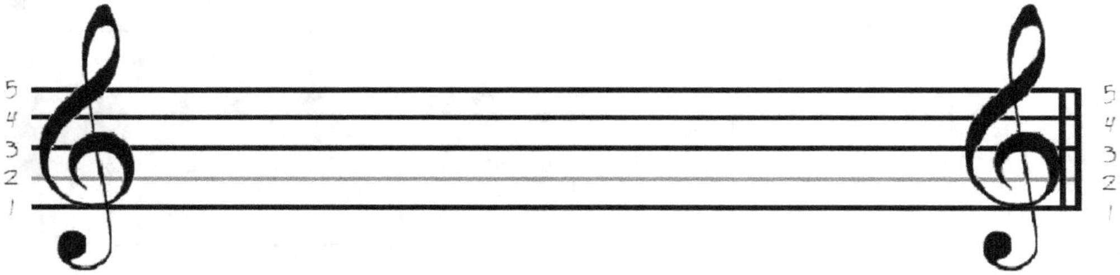

Devinettes / Guess

Comment s'appelle le musicien qui joue de la :

What is the name of the musician that plays the :

La guitare the Guitar			
	A	Un guitariste / A guitarist	
	B	Un garagiste / A mecanique	

Le piano the keyboard			
	A	Un pirate / A pirate	
	B	Un pianiste / A pianist	

La batterie the drum			
	A	Un oiseau / A bird	
	B	Un batteur / A drummer	

La flute the recorder			
	A	Une flutiste / A flutist	
	B	Un ordinateur / A computer	

Entoure tous les LA / Circle all the LA

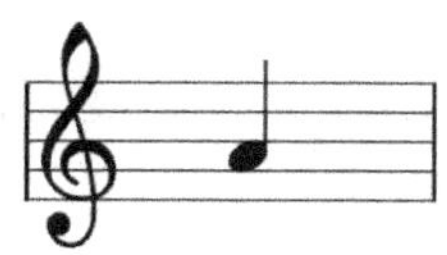

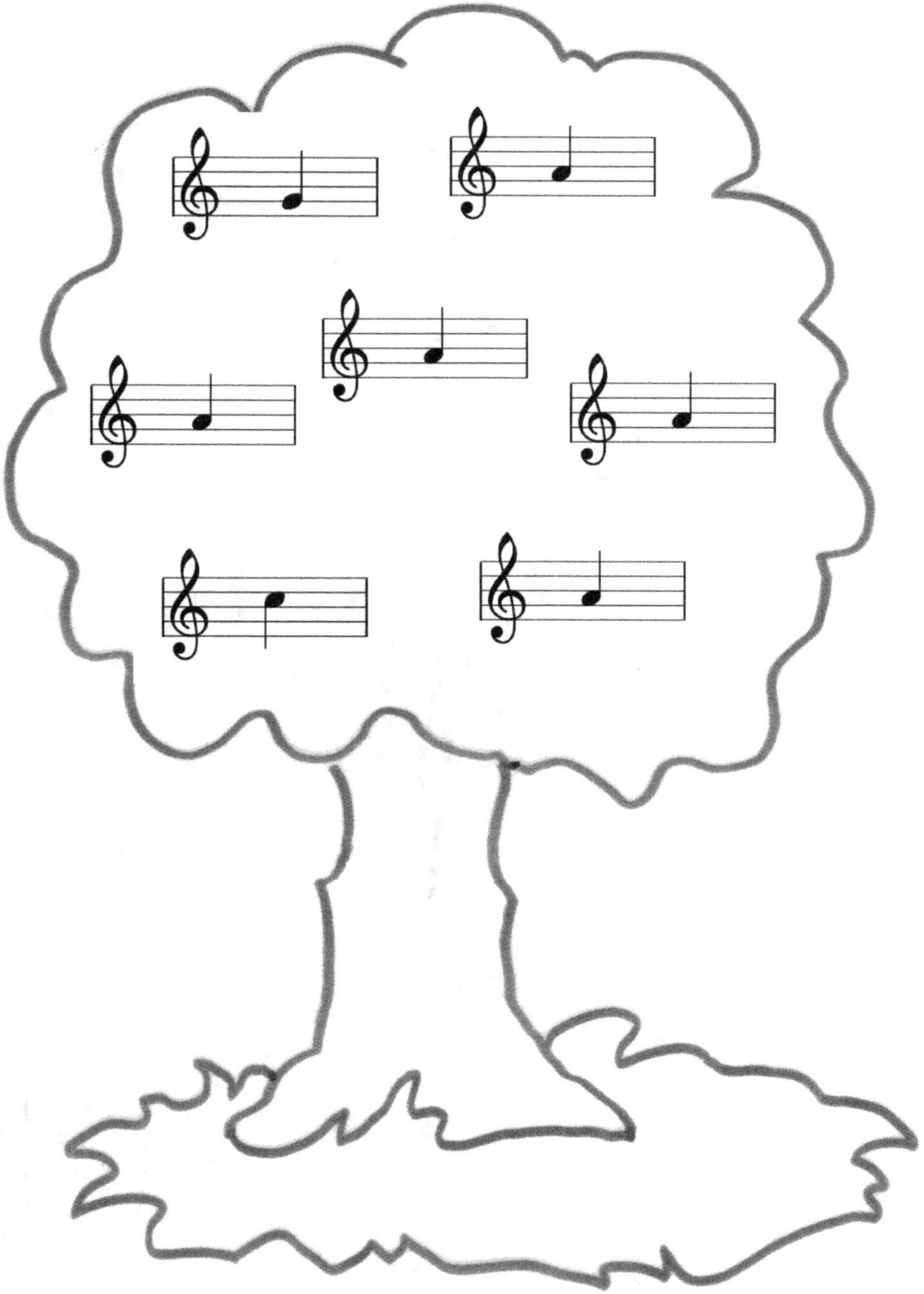

Relie les chiffres et colorie ce que tu as trouvé

Connect the numbers and color what did you find

Je suis la clef de sol / I am the key of sol

Je suis une guitare / I am a guitar

Devinettes / Guess

		VRAI		FAUX	
Je suis la clef de SOL I am the key of SOL		VRAI TRUE		FAUX FALSE	
Je suis une Blanche I am a half note		VRAI TRUE		FAUX FALSE	
Je m'appelle LA My name is LA		VRAI TRUE		FAUX FALSE	
Je suis une blanche pointée I am a dotted half note		VRAI TRUE		FAUX FALSE	
La blanche pointée dure 3 temps the dotted half note duration is 3 beats		VRAI TRUE		FAUX FALSE	

GUITARE / GUITAR

La 6è lettre est le **R** Entoure tous les **R**

The 6th letter is the **R** Circle all the **R**

R A M R O G R F

G R H R Q G R

G R S Y R G R R

Z R G R F T R I G

R G U I T A R F I O D

A toi d'écrire la lettre R / Is you turn to write the letter R

Bravo ! / Excellent!

A toi d'écrire la lettre R / Is you turn to write the letter R

Retrouve le bon chemin et écris ce que tu as trouvé

Find the right way and write what did you find

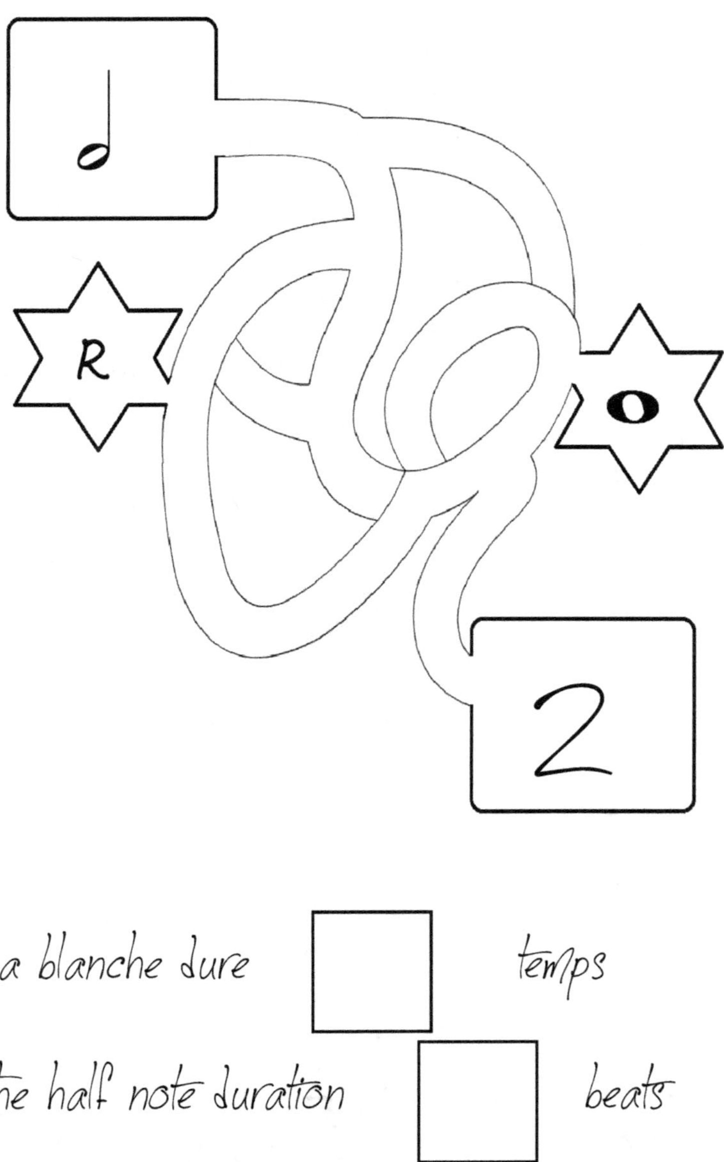

La blanche dure ☐ temps

the half note duration ☐ beats

Activité bricolage ! Do it yourself !

Fabrique ton marque page, colle un carton et décore le

Make your page, paste the cardboard and paint it

La durée des notes

La ronde   The whole note

o   4

La blanche pointée

𝅗𝅥. 3

The dotted half note

La blanche

𝅗𝅥 2

The half note

La noire

♩ 1

the quarter note

The notes duration

Coller un carton

Paste a cardboard

Entoure toutes les blanches / Circle all the half notes

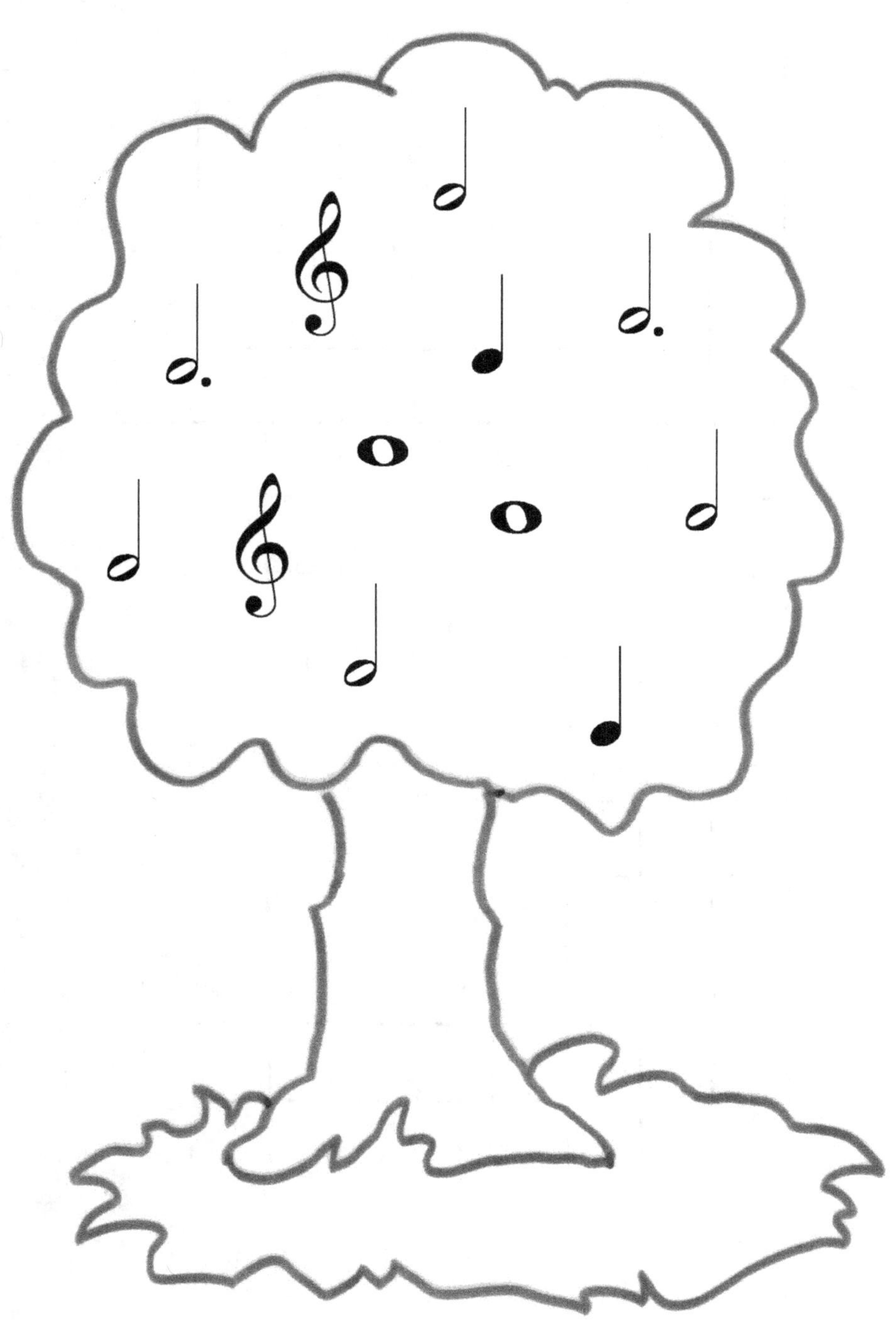

Mots fléchés

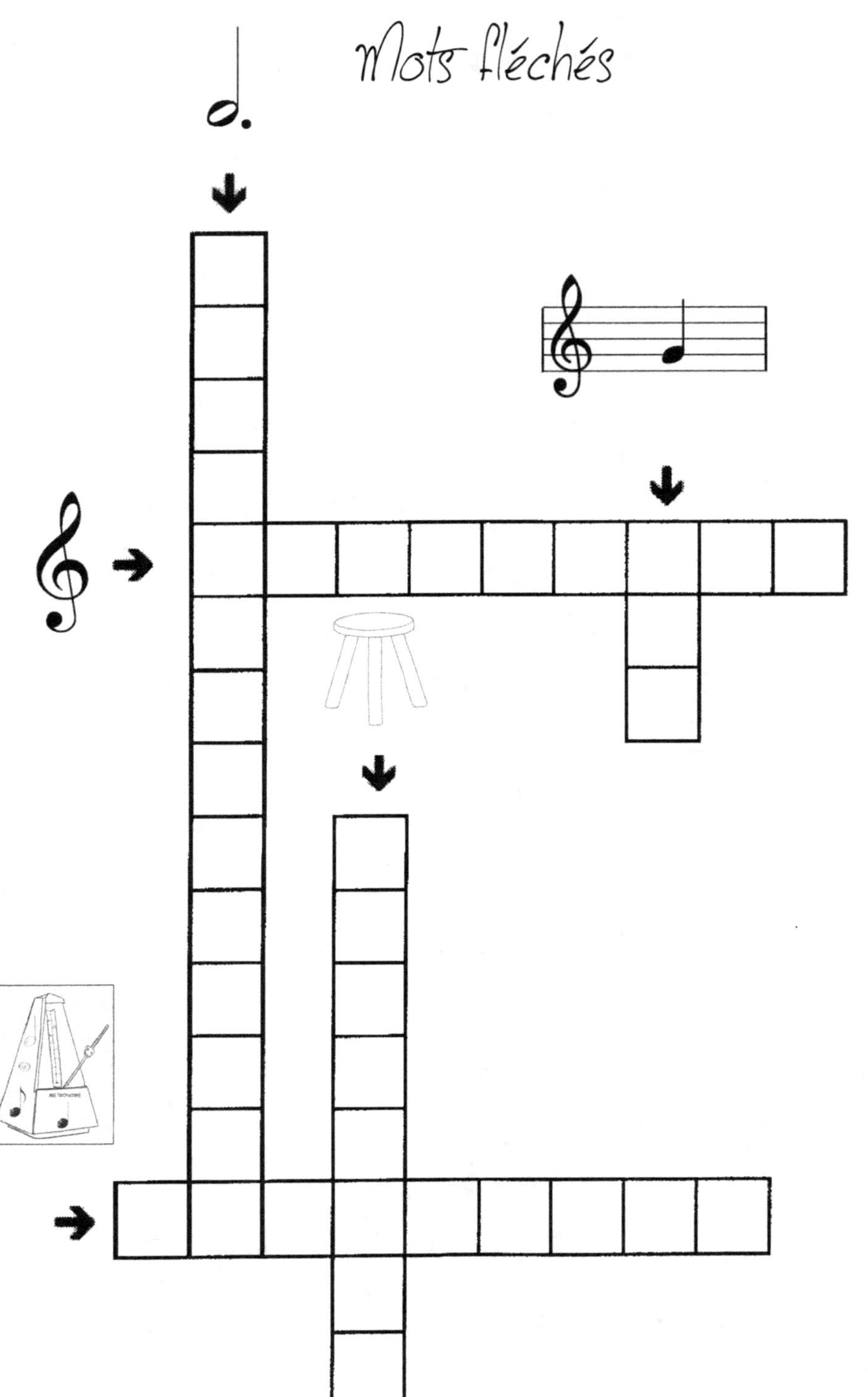

Crossword

Relie les chiffres et colorie ce que tu as trouvé

Connect the numbers and color what did you find

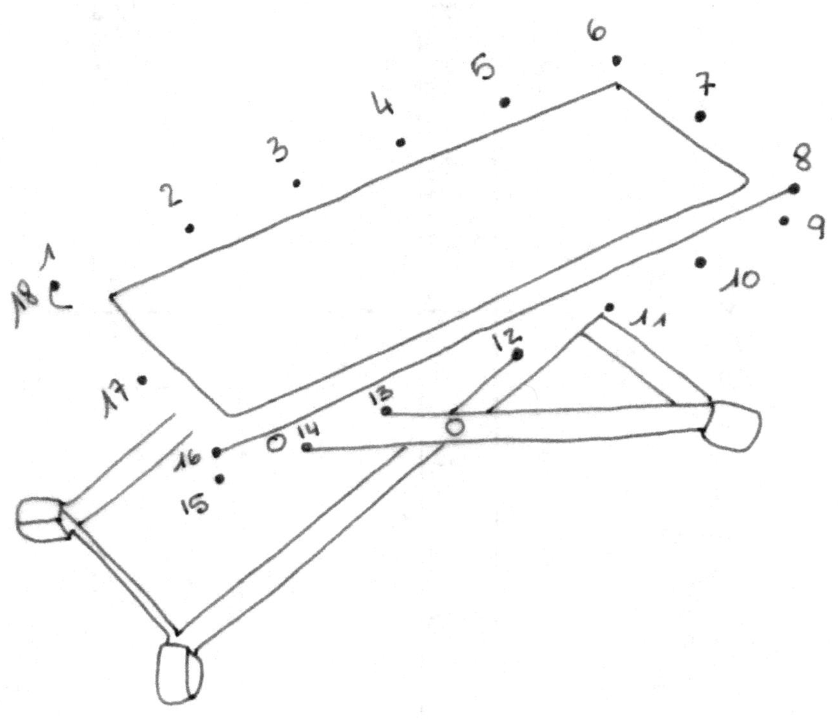

Je suis un repose-pied / I am a guitar footrest ☐

Je suis un tabouret / I am a stool ☐

Relie le bon mot avec le bon dessin

Find the right name with the right picture

Partitions / scores

Guitare / Guitar

Accordeur / Tuner

GUITARE / GUITAR

La 1è lettre est le **E** Entoure tous les **E**

Saperlipopette! There is not an E in the word guitar in English. But, you can enjoy to write the letter E

A toi d'écrire la lettre E

Bravo ! / Excellent!

Entoure toutes les noires   / Circle all the quarter notes

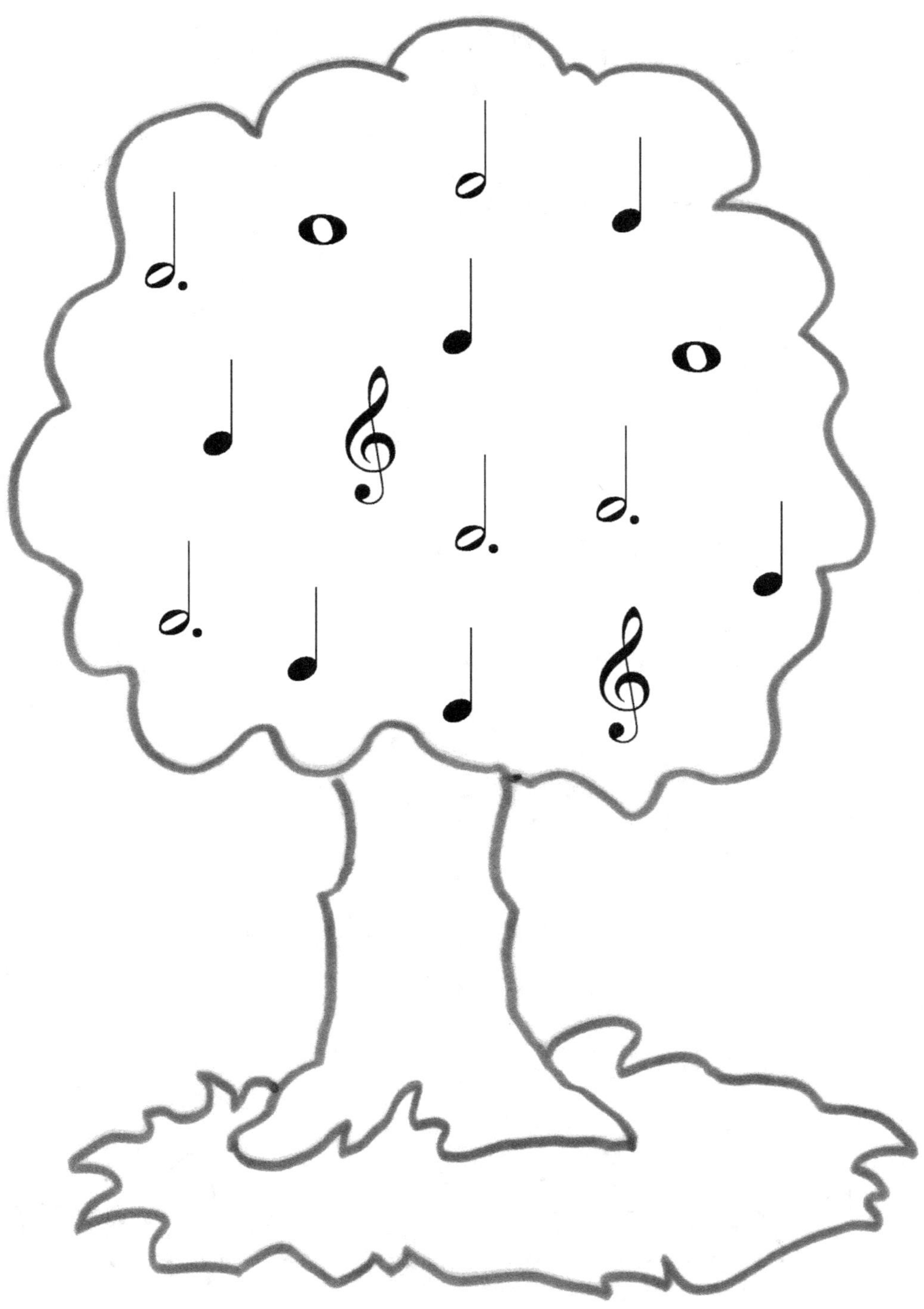

Retrouve le bon chemin et écris ce que tu as trouvé

Find the right way and write what did you find

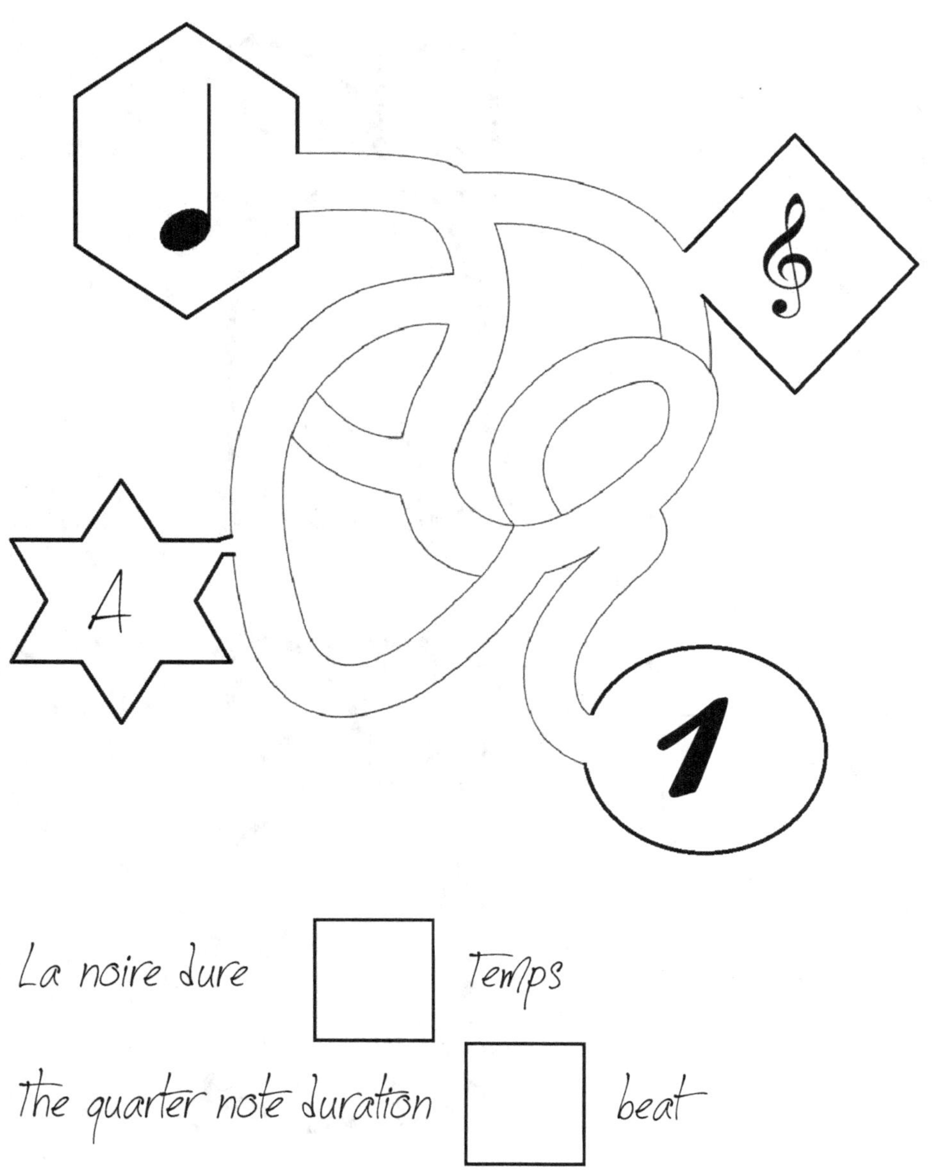

La noire dure ☐ Temps

The quarter note duration ☐ beat

73

Combien de temps ? Entoure la bonne réponse

How many beats ? Circle the right answer

<table>
<tr><td>

La blanche

The half note

</td><td>

</td></tr>
<tr><td>

La noire

The quarter note

</td><td>

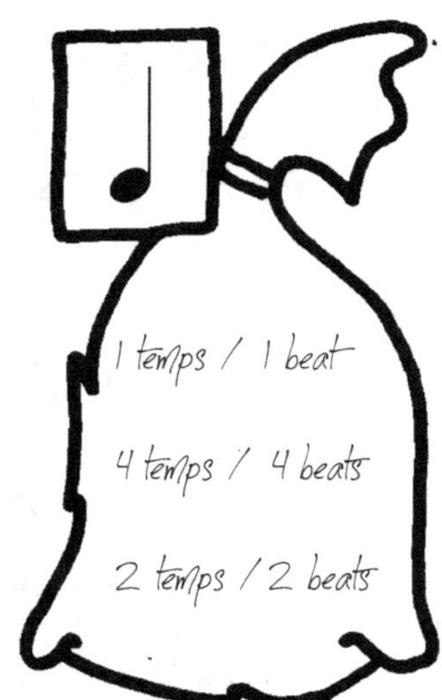

</td></tr>
</table>

Retrouve le bon chemin et écris ce que tu as trouvé

Find the rigth way and write what did you find

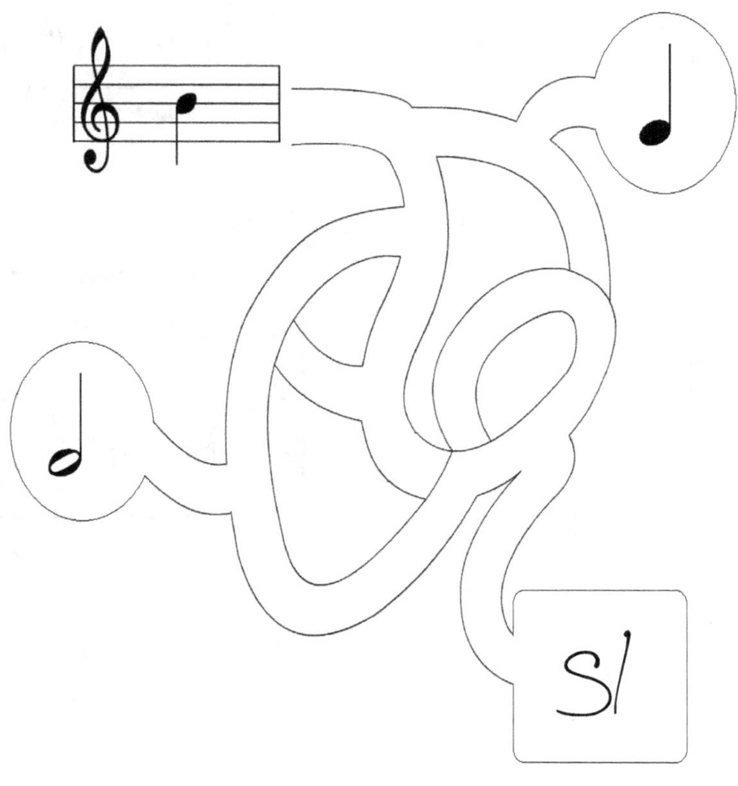

Je m'appelle

My name is

Retrouve le bon mot avec le bon dessin

Find the right name with the right picture

Métromone/Metronome

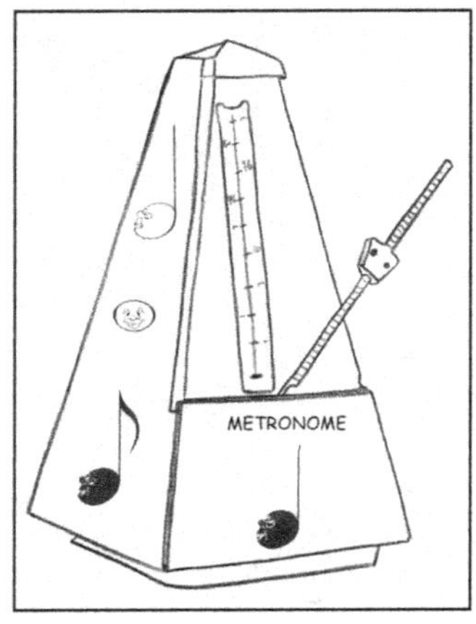

Blanche pointée

the dotted half note

LA

Ecris la note Si / Write the note Si

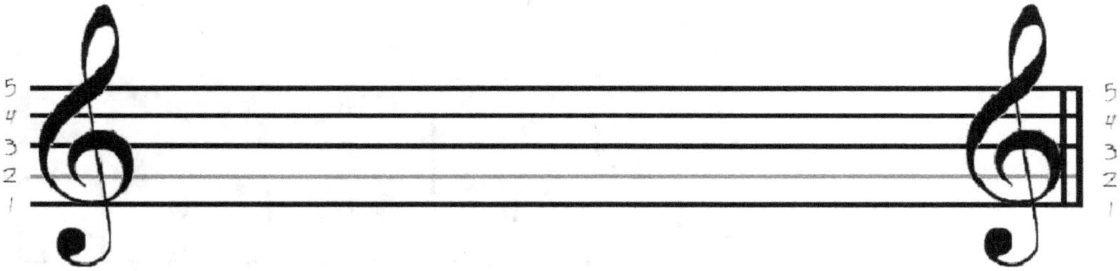

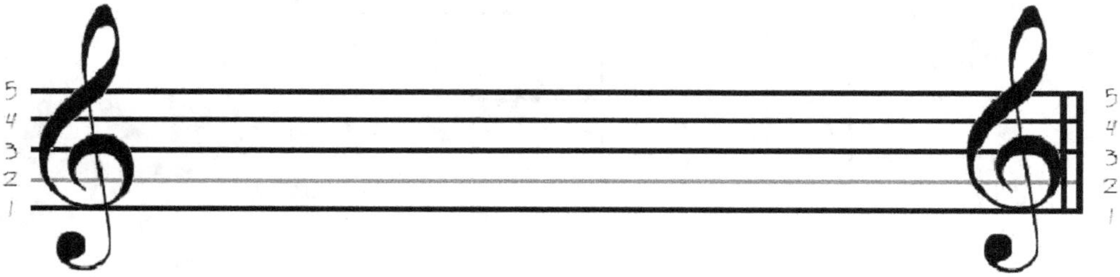

Mots fléchés

Le langage du musicien

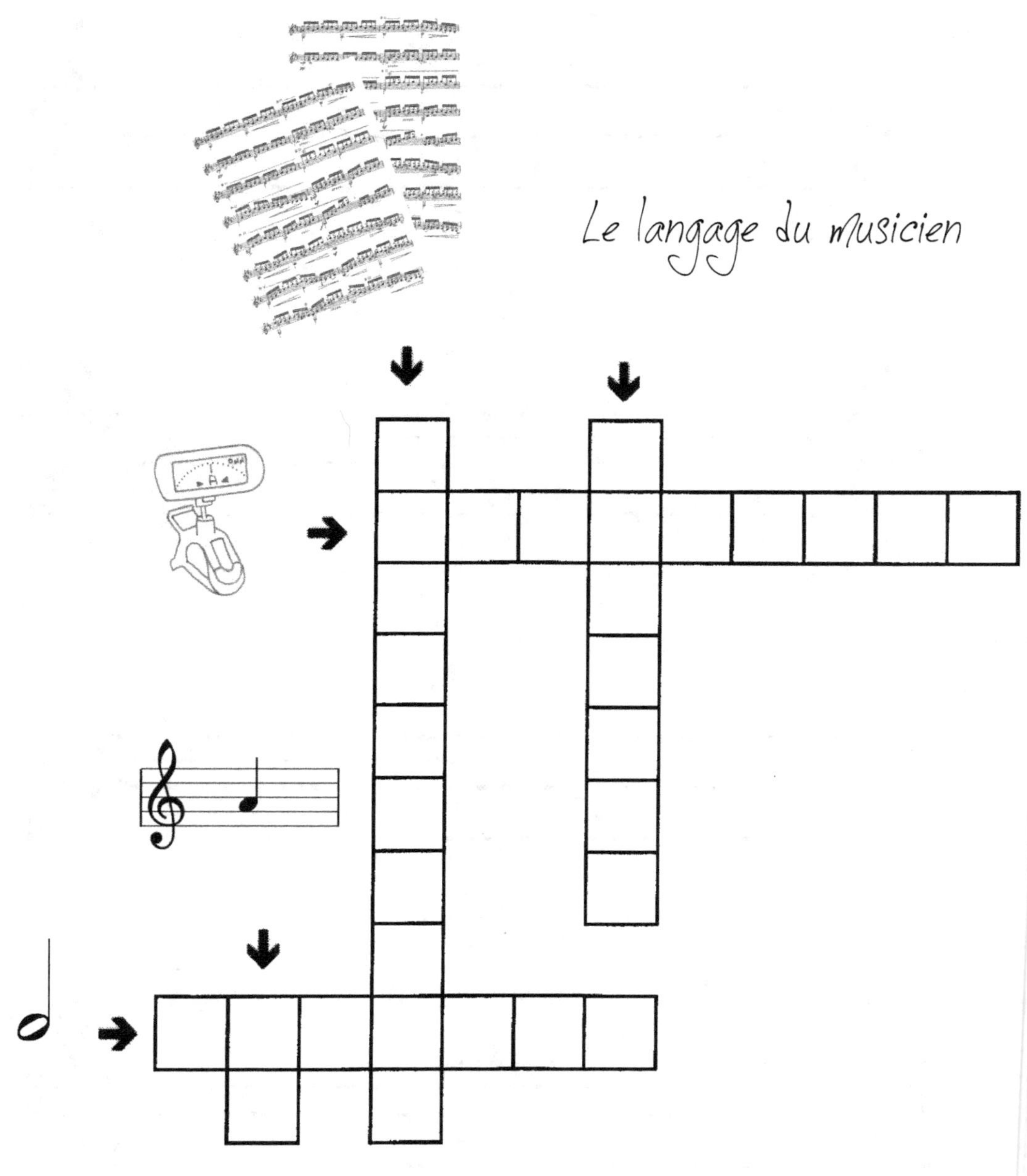

Crossword

La blanche pointée

the dotted half note

La ronde / the whole note

La blanche / the half note

La noire / the quarter note

Entoure tous les Si / Circle all the Si

Retrouve le bon chemin et écris ce que tu as trouvé

Find the rigth way and write what did you find

Je m'appelle

My name is

Relie la note avec son nom

Connect the note with the name

Entoure tous les DO / Circle all the DO

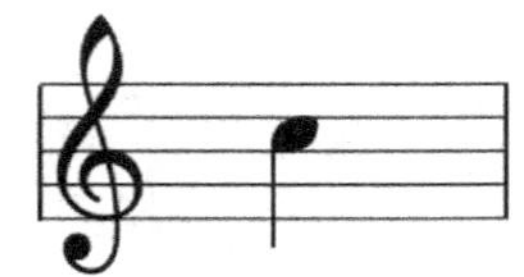

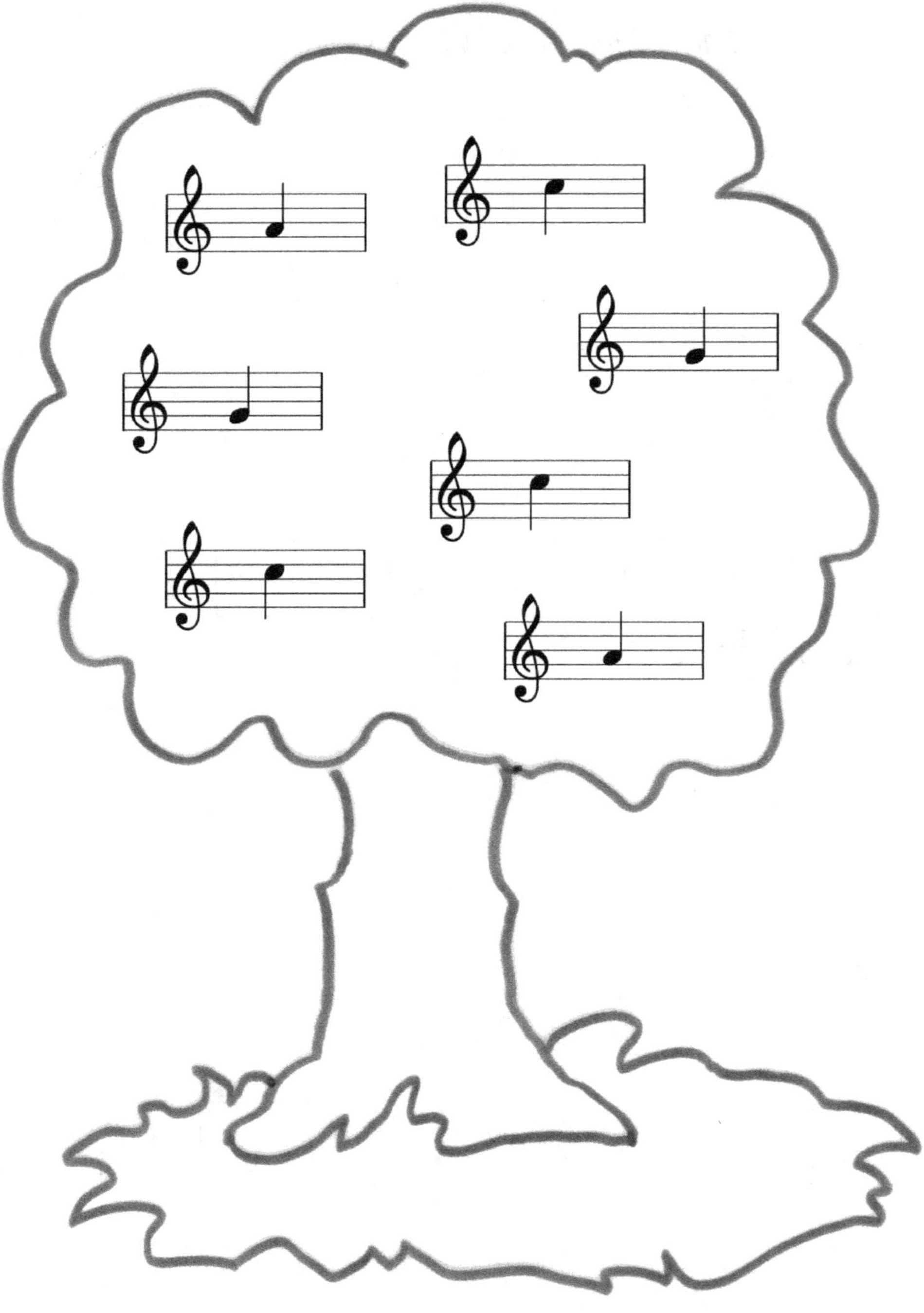

Ecris la note Do / Write the note Do

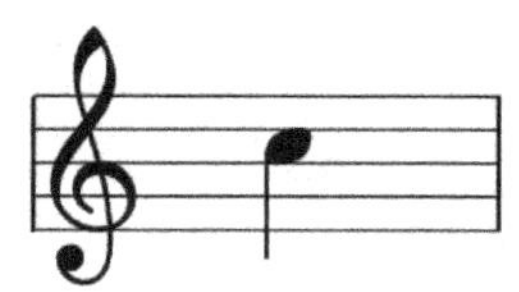

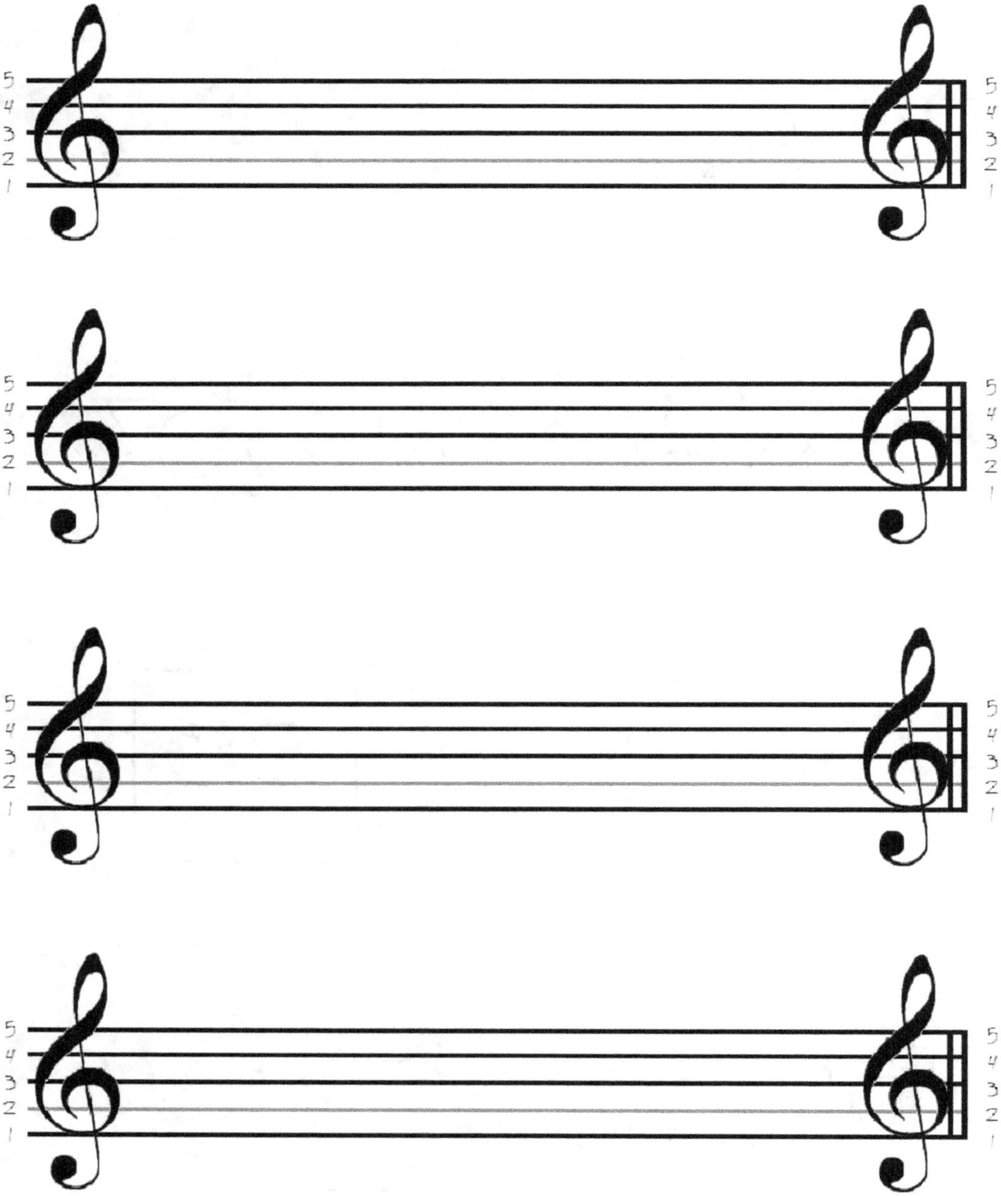

Retrouve le bon chemin et écris ce que tu as trouvé

Find the rigth way and write what did you find

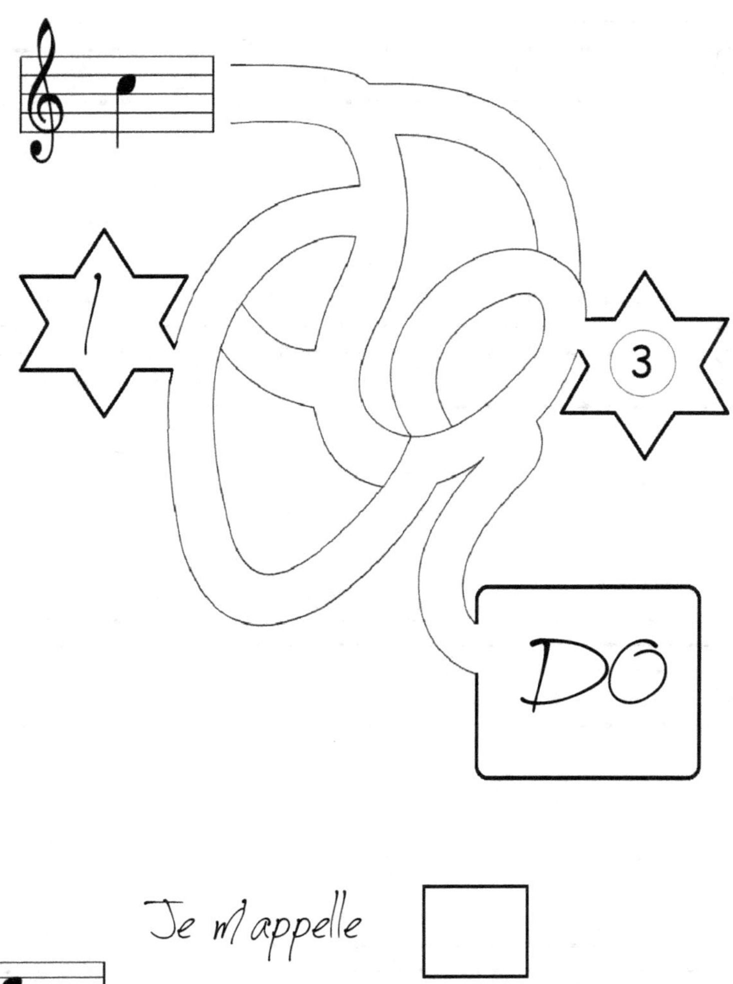

Je m'appelle

My name is

Suis les fils et trouve la durée des notes

Follow the lines and find the notes duration

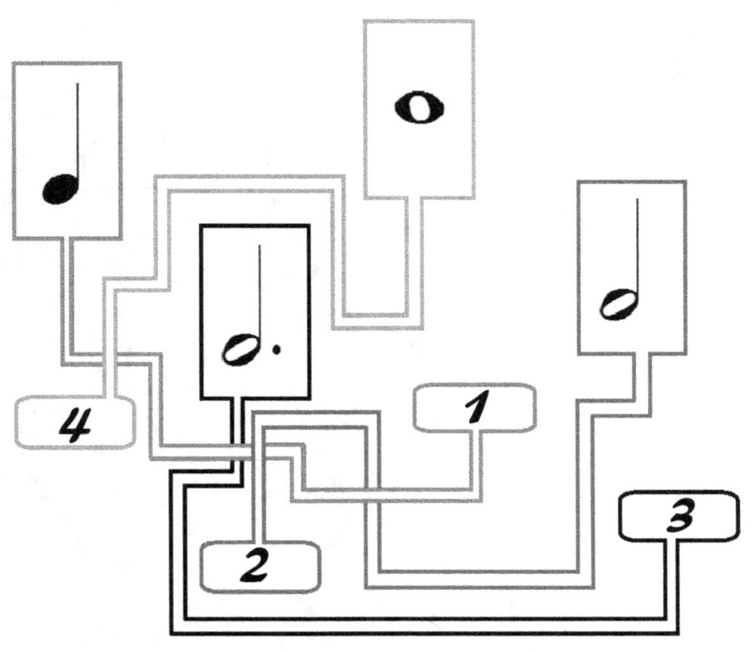

La ronde dure _____ temps	Whole note duration _____ beats
La blanche pointée dure _____ temps	Dotted half note duration _____ beats
La blanche dure _____ temps	Quarter note duration _____ beats
La noire dure _____ temps	Half note duration _____ beat

Entoure tous les RE / Circle all the RE

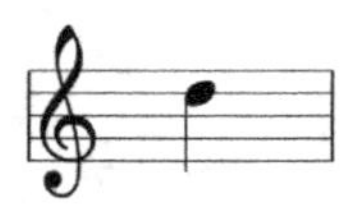

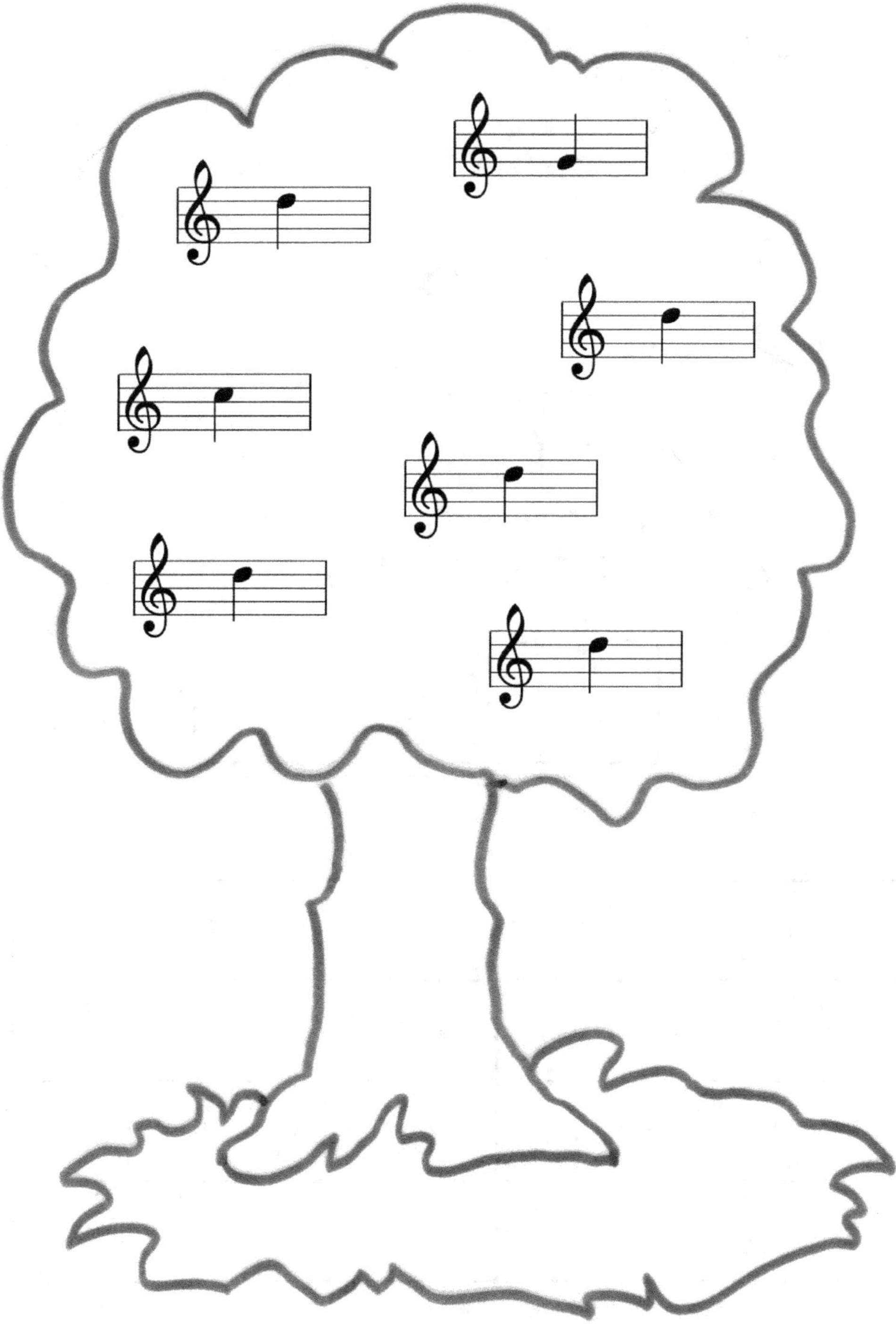

Le nom des notes / The name of the notes

Coller un carton

Paste a cardboard

Ecris la note Ré / Write the note Ré

Retrouve le bon chemin et écris ce que tu as trouvé.

Find the rigth way and write what did you find.

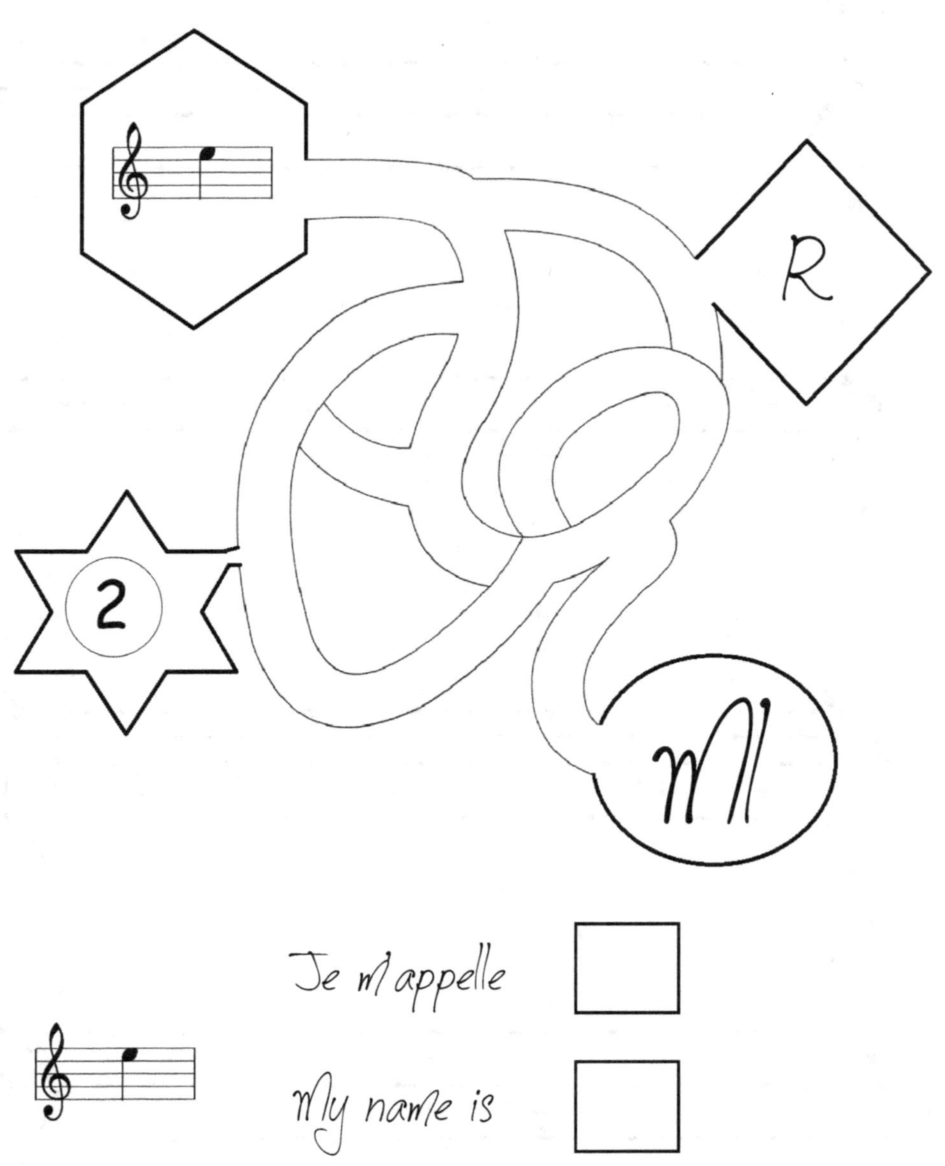

Je m'appelle

My name is

Ecris la note Mi / Write the note Mi

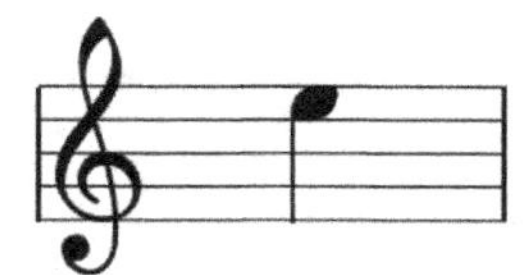

Mots fléchés

Musicien qui joue de la guitare

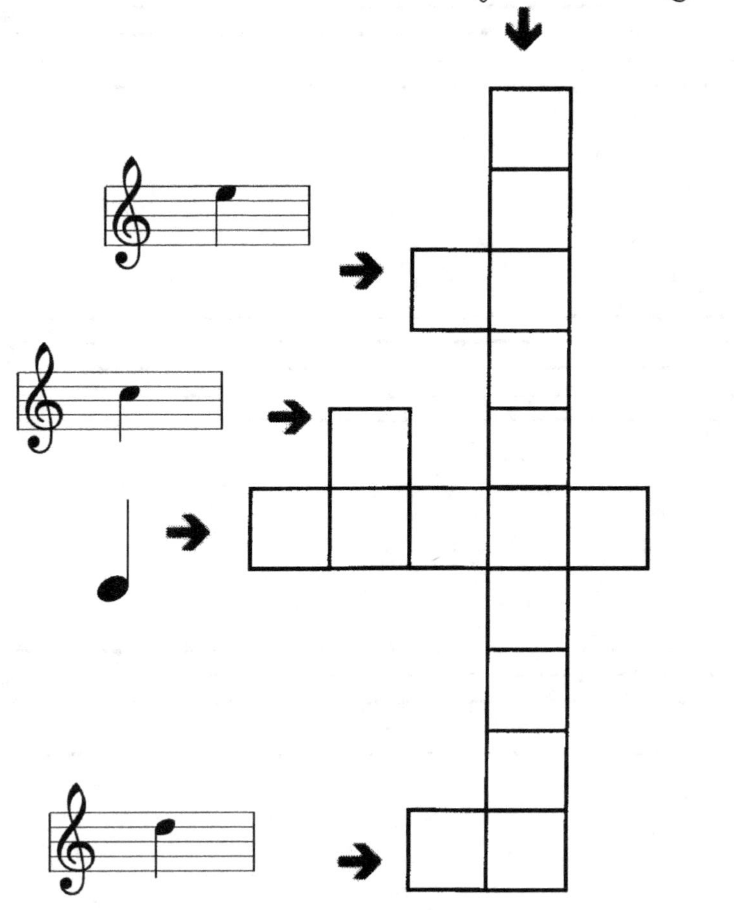

Crossword

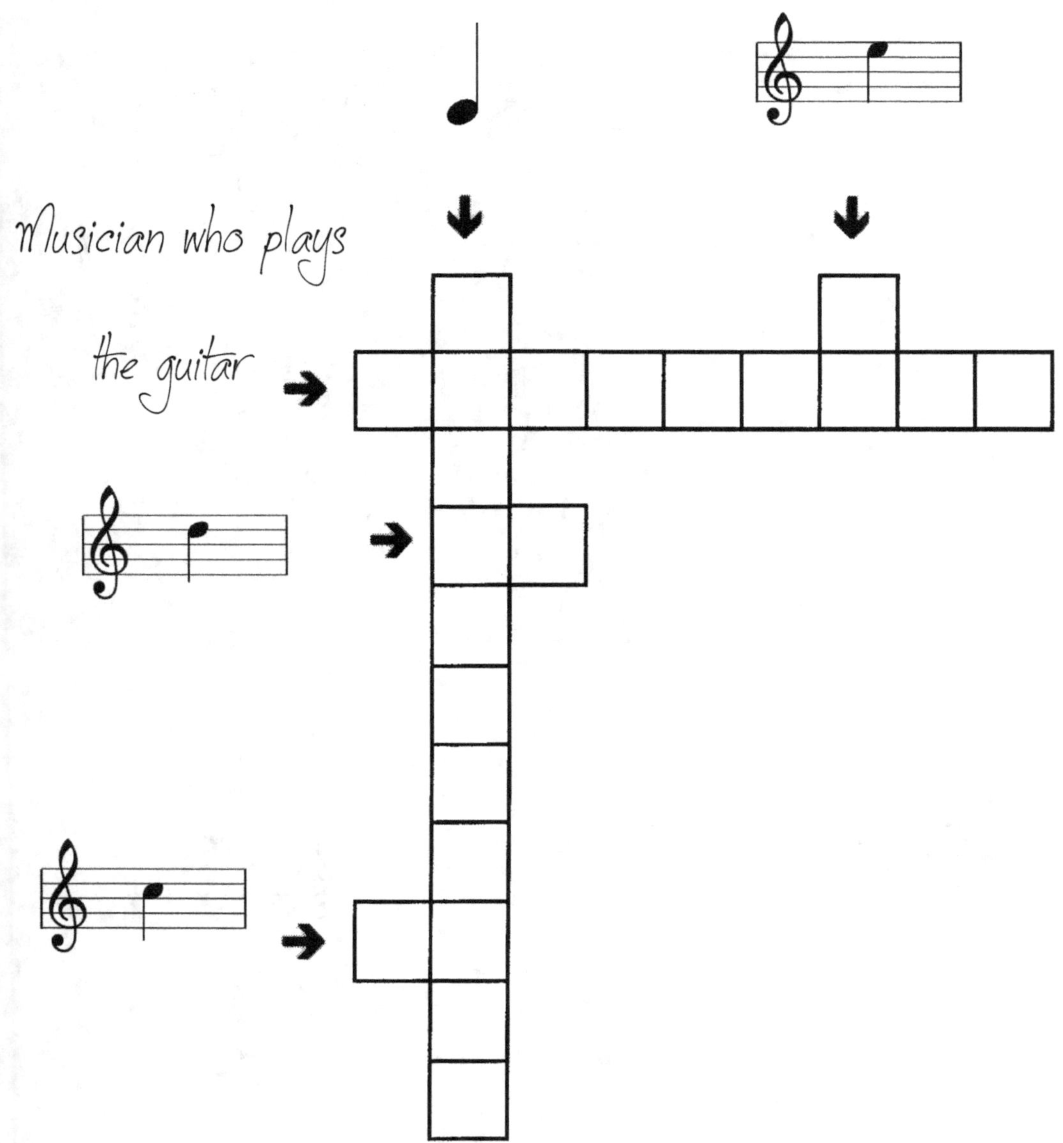

Le nom des 3 cordes aigues à la guitare

The name of tree guitar treble string

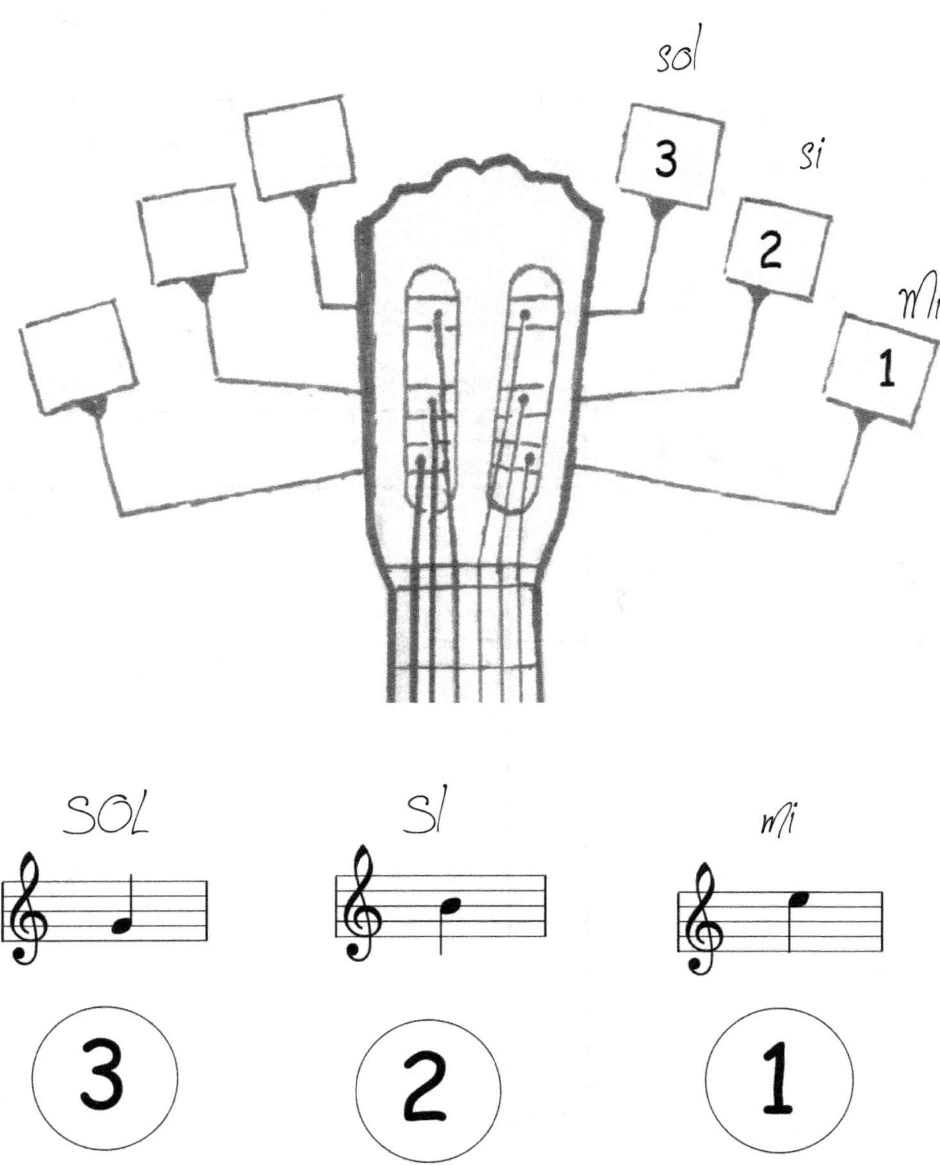

Coller un carton

Paste a cardboard

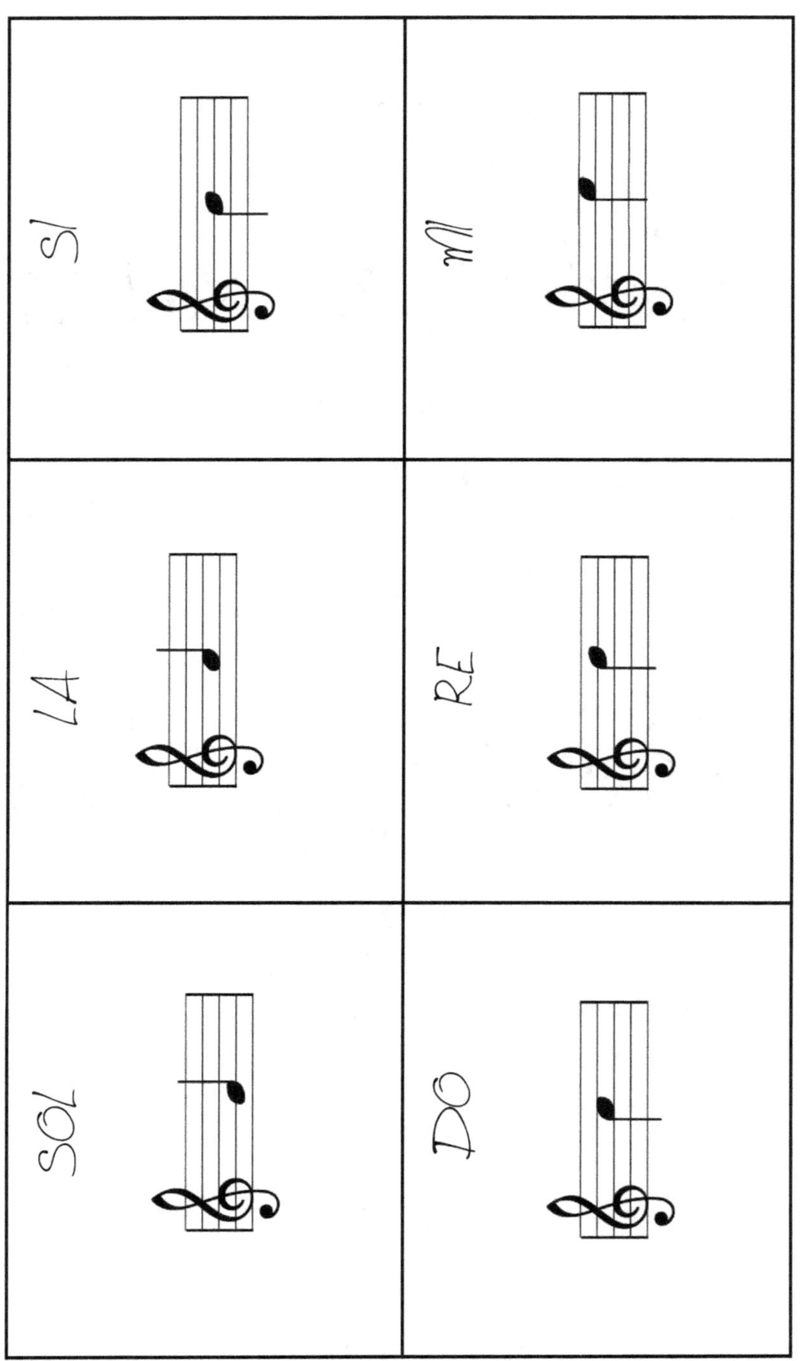
SI
MI
LA
RE
SOL
DO
Planche : nom des notes / Board : note's names

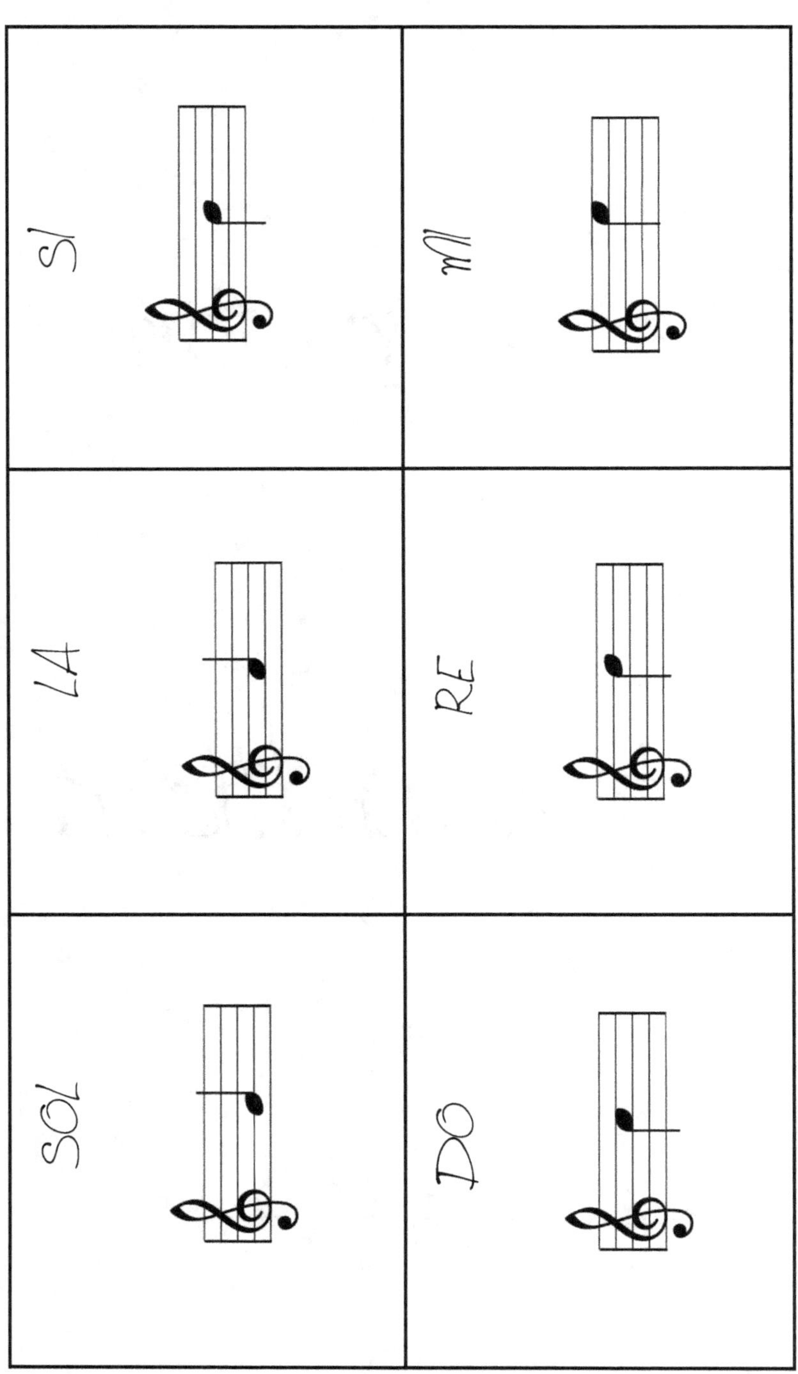
SI
LA
SOL
MI
RE
DO

Coller un carton

Paste a cardboard

Relie la bonne note avec la (3) corde

Find the right name with the (3) string

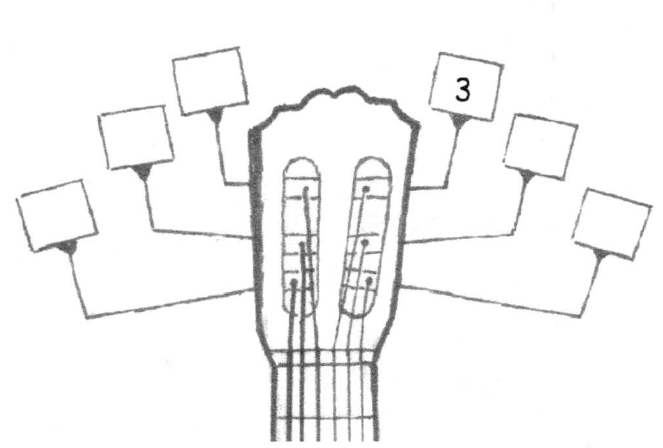

La (3) corde s'appelle :

The name of the (3) string is :

Relie la bonne note avec la (2) corde

Find the right name with the (2) string

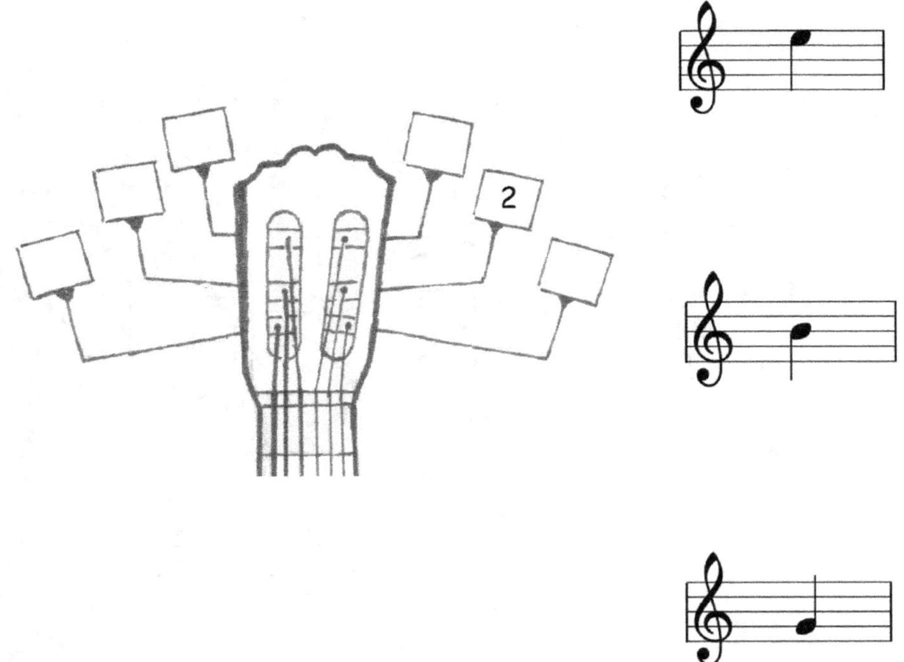

La (2) corde s'appelle :

The name of the (2) string is :

Relie la bonne note avec la (**1**) corde

Find the right name with the (**1**) string

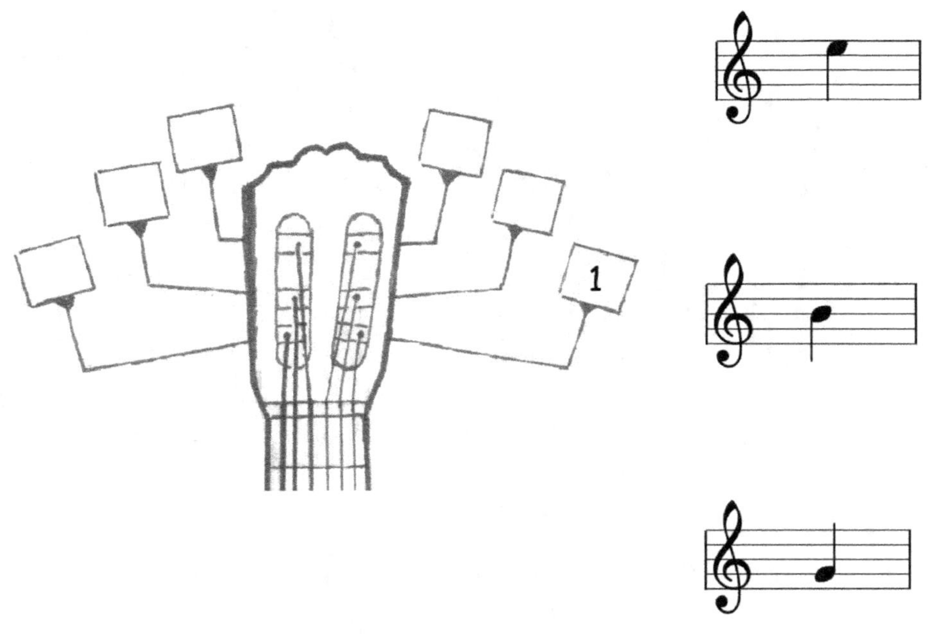

La (**1**) corde s'appelle : ☐

The name of the (**1**) string is : ☐

Pour finir, colorie et écris le nom de ton instrument préféré !

To finish, color and write the name of the instrument that you prefer !

BRAVO ! / EXCELLENT!